现代英语阅读与教学创新研究

刘　希　李慧慧　蔡李华◎著

中国出版集团　现代出版社

图书在版编目（CIP）数据

现代英语阅读与教学创新研究 / 刘希，李慧慧，蔡李华著. -- 北京 : 现代出版社，2023.12
ISBN 978-7-5231-0626-6

Ⅰ. ①现… Ⅱ. ①刘… ②李… ③蔡… Ⅲ. ①英语－阅读教学－教学研究 Ⅳ. ①H319.37

中国国家版本馆CIP数据核字(2023)第212988号

著　　者　刘 希　李慧慧　蔡李华
责任编辑　赵海燕

出 版 人　乔先彪
出版发行　现代出版社
地　　址　北京市安定门外安华里504号
邮政编码　100011
电　　话　(010) 64267325
传　　真　(010) 64245264
网　　址　www.1980xd.com
印　　刷　北京四海锦诚印刷技术有限公司
开　　本　787mm × 1092mm　1/16
印　　张　11
字　　数　210千字
版　　次　2023年12月第1版　2023年12月第1次印刷
书　　号　ISBN 978-7-5231-0626-6
定　　价　58.00元

前　言

近年来随着经济全球化的不断发展，我国与世界的交往不断深入，社会各界对英语人才的需求越来越多，对英语素质的要求也越来越高。语言是一门艺术，它更是一个鲜活的东西。它在不断发展变化，如果一味地让学生去学一些陈旧的文章，用一些陈旧的教学方法，让学生每天重复枯燥的练习，学生就会对英语学习反感并失去兴趣。而学习英语兴趣很重要。英语教学除了基本的词汇、语法教学以外，更重要的是阅读教学。培养和提高学生的阅读理解能力是英语阅读教学的主要目的和任务之一。英语阅读是当代学生学习英语的一门基础课程，对学生进行英语阅读教学，不仅可以有效提升学生的英语阅读能力，而且可以显著提升学生的英语综合水平。然而就客观情况而言，英语阅读教学恰恰是现阶段英语阅读教学中问题最为严重的一个环节，相关学者应加大研究力度，创新英语阅读教育教学的形式，推动英语教学持续发展。

本书属于现代英语阅读与教学创新研究方面的书籍，由英语阅读概述与英语教学基本理论、英语阅读理解障碍与阅读的技巧、英语阅读教学模式改革与创新、多模态理论与英语教学模式创新、英语教学创新之微课与慕课、英语模块化教学模式的创新、英语教学的未来发展等部分构成，全书主要研究英语阅读与教学创新，讲述英语阅读理解障碍与阅读的技巧、英语阅读教学模式改革与创新，阐述英语教学多种模式的创新，对从事英语教学工作的教师有学习和参考的价值。

在本书写作的过程中，参考了许多资料以及其他学者的相关研究成果，在此表示由衷的感谢。鉴于时间较为仓促，水平有限，书中难免出现一些谬误之处，因此恳请广大读者、专家学者能够予以谅解并及时进行指正，以便后续对本书做进一步的修改与完善。

目　录

第一章　英语阅读概述与英语教学基本理论

第一节　英语阅读概述

一、阅读的动机

(一) 阅读动机解读

1. 动机的基本内涵

真正的动机包含四个方面的内容：①学习者必须有学习的动力与欲望，并且做出学习的决定；②学习者在学习活动中必须表现出浓厚的兴趣；③学习者必须能够付出应有的努力；④学习者的兴趣与努力必须能够维持。

也就是说，动机其实是引起和维持个体的活动，并使该活动朝向某一目标进行，以满足个体需要的内部动力。要判断学生的学习动机如何，不能只看学生是否对学习感兴趣、是否有学习的欲望，更要看学生参与学习活动的情况、其兴趣与精力的投入是否能够持久。

2. 阅读动机的基本内涵

阅读动机也包括四个方面。第一，学生要有阅读的欲望、阅读的动力、阅读的需求；第二，学生在阅读中应该能够体验快乐，表现出浓厚的兴趣；第三，学生应该能够积极参加阅读教学活动，课外能够主动获取资源、开展自我阅读，也就是说，学生应该具有阅读主动性和自主性；第四，学生对阅读的兴趣、努力不能是暂时的、短暂的，应该表现出持久的兴趣和热情，能够做出持久的努力。

（二）激发阅读动机的方法

1. 创设阅读期待

由于价值取向的不同和个性需求的差异，人们的阅读期待也表现出不同程度的差别。因此阅读教学必须考虑到学生的不同需求，创设阅读期待。

（1）做好需求分析

在开展阅读教学之前，教师有必要了解学生的阅读动机、阅读基础和相关图式。动机不同，喜欢的阅读任务不同；语言基础不同，所能胜任的阅读任务也不同；学生缺乏阅读应有的图式，就不会对阅读感兴趣。因此，在设计阅读活动、布置阅读任务之前，必须做好需求分析，分析学生的语言基础、图式、兴趣爱好、学习动机以至阅读习惯。

（2）寻找阅读与生活的联系

很多情况下，如果能把阅读与生活联系起来，学生就有可能对阅读更感兴趣。在布置阅读任务时，教师可以分析阅读材料与现实生活的联系，尤其是与学生生活的联系，寻找生活中的阅读动因。比如，购物海报、公司简介、环境问题、健康生活的话题等都能从生活中找到接口，历史、地理、文化、人物等话题同样可以找到生活中的切入点。

（3）布置非课程内容阅读

课前的阅读未必是教材内容的阅读。有时，可以让学生阅读与课文材料相关的内容，这样可以起到图式准备的作用，又不至于影响课堂阅读教学，避免因部分学生没有预习而无法开展某种活动的问题。

（4）布置任务型阅读任务

阅读如果是为了真实的目的，而不是简单地应对课程要求、不是机械的技能培养和语言学习，就更容易激发学生的兴趣。如果阅读活动是根据故事表演短剧、根据说明制作操作图、为某产品制作网页广告等，也许更能激发学生的阅读欲望。

（5）变换阅读媒介

视觉是最难满足的感官，只是白纸黑字难以满足学生的感官要求，尤其是在基础教育阶段。如果教师能够变换阅读媒介，增加基于多媒体技术的阅读，不仅可以带来视觉效果的变化，还可以带来感官的愉悦，也自然可以增进学生的阅读欲望。

（6）教学中创设期待

很多情况下，学生的阅读兴趣要靠课堂激发。只是让学生通过阅读回答问题、判断正误、选择填空、填写图表，是难以激发学生的阅读欲望的。教师要在分析学生需求的基础上通过各种手段创设信息差、提出问题，激发学生的好奇心、求知欲和应对挑战的欲望，从而激发学生的阅读欲望。

2. 让学生体验成功

让学生体验成功，让学生感受到努力的效果，会激发学生阅读的积极性。阅读教学最好遵循成功定向的教学原则，避免挫折教育。通常，教师可从以下几个方面入手，保证学生体验成功。

（1）过程设计循序渐进

任何课堂都是由一系列活动组成的，过程设计也因此必须注意每个阶段的活动对认知的要求，做到由易到难，要求由低到高，由信息识别到理解，再到应用。如果有正误判断、回答问题、图表填充等活动，一般情况下应该是先做正误判断，再做图表填充，最后回答问题。教学中常见这种现象：教师导入阅读后的第一个活动就是回答问题，结果是很多学生不能回答。其实，作为第一个活动应该侧重理解，应该采用输入型表达方式，而不是输出型。课文必然涉及新的语言，在学生还没有掌握新语言之前让他们口头回答问题显然超出了学生的能力。即使学生能够理解，也未必能够使用新学的语言表达，因此第一个活动采用回答问题的方式违背了循序渐进的原则。长此以往，很可能挫伤部分学生的学习积极性，削弱他们的阅读动机。

（2）根据学生的学习风格和多元智能设计活动

阅读活动必须关注学生的学习风格和多元智能。理解的表现形式很多，可以要求学生转述信息、回答问题、填写表格、进行匹配、判断正误、选择填空等，但是这些都需要学生具有一定的语言基础。而实际上并不是所有的学生在语言智能方面都占优势，有的学生音乐智能比较突出，有的学生绘画智能比较突出，有的学生观察智能或行为智能比较突出。在设计理解活动时，应该适应学生的多元智能，可以让学生通过绘画、行为、表演、音乐等不同方式展示自己的理解。

（3）增加教学评价的选择性与开放性

既然学生的语言基础不同，对文本的理解自然也存在不同程度的差异，通过 45 分钟的教学所能达成的目标也会表现出不同程度的差异。为此，教学评价要注意活动的开放性和选择性，以便让每个学生都能展示自己的阅读效果。比如，教师可以利用档案袋等评价方式，让学生看到自己的进步。即使整体阅读水平没有显著提高，但如果学生可以感受到自己在某一方面的进步，同样可以让他们看到自己努力的结果，满足实现自我的需求。

3. 选择合适的阅读材料

阅读不应只是对教材文本的阅读，仅有教材提供的素材难以培养学生应有的阅读能力。教师应根据阅读的目的调整、增加阅读材料，因此，材料的选择是教师必须关注的课题。一般说来，材料的选择可从以下几个方面入手。

（1）以学生的兴趣为基础

读者自身的兴趣应该是阅读材料选择考虑的首要因素，学生对阅读材料是否感兴趣，将直接影响到学生的阅读效果。趣味性强的材料有利于激发学生的阅读欲望，有利于调动学生的各个器官，帮助学生快速地进入最佳阅读状态。因此，选择阅读材料时应首先考虑趣味性，为学生营造一个轻松愉快的学习氛围。虽然教学以课程学习为主，但是教师需要选择适当的阅读材料以弥补教材的不足，满足学生的多元化要求，而不能只是关注材料本身是否能够培养课程所要求的能力。

（2）以学生的图式为基础

材料的选择必须基于学生的图式基础，分析学生是否了解相关话题知识、背景知识，是否具有完成阅读任务所需的语篇和策略知识。在选择材料时既要选择与学生的图式相关的材料，又要保证材料文本具有一定的未知性、新鲜感，否则也难以激发学生的兴趣。

（3）利用现代科技

鉴于学生对电子阅读、网络阅读的喜爱，在材料选择时应该注意信息技术的应用。除适当选择电子阅读材料之外，可以借助网络资源，充实课堂阅读教学的内容；借助信息技术创设情境，引起兴趣；利用信息技术演示情境，保持兴趣；利用信息技术再现情境，提升学习兴趣。

4. 构建课堂内外的联系

只有当学生把学习内容与现实生活联系起来才能真正了解、掌握它。要让学生认识阅读的价值、发现阅读的作用、正确认识阅读，就需要把课堂学习与生活联系起来，让学生在现实生活中寻找其所读内容的载体与应用。

虽然教材中的材料很少是生活中的真实材料，但是，其话题的相关性为课堂内外联系的构建提供了线索。教师可以结合话题让学生寻找生活中的图文，或者给学生提供生活中的图文，如告示、海报、新闻、故事等；可以让学生寻找课程材料在现实生活中的体现，教师也可以呈现生活中的实体，让学生感知所读材料与现实生活的联系。学生可以阅读类似的海报信息、招聘信息、新闻故事，根据阅读材料判断生活中人们的饮食习惯是否健康，通过调查社区服务、采访相关人员了解人们对低碳出行的看法等。教师同样可以把阅读设计成学生交流的平台，或者与其他学校、国外学校交流的平台，这样一来，阅读就成了学生传达信息、交流感情、建立友谊的工具。如果能把技能培养变成信息获取、情感交流，把课程学习融入现实生活，就可以帮助学生更清楚地认识阅读的价值，培养良好的阅读态度。

5. 重视阅读文化的构建

良好的阅读氛围有助于阅读态度和阅读动机的培养，而构建阅读文化对阅读氛围的营造起着十分重要的作用。所谓阅读文化不是对文化的阅读，而是指“人们一起为培养学生良好的阅读行为而努力，学生以一种良好的心态积极阅读、欣赏阅读”的局面。就学校教育而言，阅读文化的构建远比让更多的学生达到课程阅读的要求重要。

阅读文化的构建需要学校、教师、社区、家长和学生的共同努力。学校需要规划阅读文化构建的目标，理解支持英语阅读文化构建。教师要有文化构建的理念，选择能够激发学生兴趣的阅读材料，关注学生的个性需求，合理实施教学和评价，激励学生阅读、树立阅读楷模、培养良好的阅读习惯，形成每个学生都读书、每个学生都快乐、每个学生都发展的阅读文化。

6. 重视阅读资源的构建

阅读文化的构建需要丰富的阅读资源。如果学生所能获得的阅读材料只是课程材料，那么就无法形成浓厚的阅读文化氛围，也就难以培养良好的阅读态度和阅读动机。阅读资源的构建可以从三个层次做起：学校、班级和个体。学校图书馆要有丰富的适合学生阅读的各类图书、报纸、期刊和电子、网络资源，班级可以根据学生的兴趣和多元智能，构建班级图书角或者图书架；同时鼓励、指导学生构建自己的小书架。只有阅读资料丰富、获取便利，才能促进学生的阅读。另外，学校可以构建阅读角，开拓室外阅读空间，鼓励学生阅读。

7. 重视课外阅读的指导

除课程学习之外，教师应鼓励、指导学生进行课外阅读。课外阅读的方式很多，可以是参与与课程材料相关的阅读项目，也可以是布置开放性的阅读任务。

如果希望课外阅读服务于课程教学，可以设计阅读项目。所谓项目是一种以“创设出某种作品”为最终结果表现形式的学习任务，阅读中的项目不以培养学生的阅读技能为目标，而是通过项目的学习培养学生信息检索、组织与应用的能力，培养学生的沟通、合作和研究能力。基于阅读的项目很多，可以在各个层次开展。初学阶段，学生制作海报、名片、菜单、秩序手册等；中级阶段，学生根据要求制作各种模型，为社区制作服务手册、健康手册，为公司制作宣传海报等；还有短剧表演、社会调查、动画制作等，这些都属于项目。项目的成品可以是实物，如模型、宣传册、海报等；可以是演示品，如幻灯片、网页等；也可以是表演。项目一般以小组为单位开展，可以和所学课程紧密相连，基于课程话题、主题等开展；也可以不与课程相关，如每个学期布置班级各学习小组完成一个项目。要求学生阅读相关材料时，教师可以根据具体要求，帮助学生了解、分析所读材料，而不要放任自流。

二、英语阅读的重要性解读

（一）阅读是英语学习的有效手段

阅读是一种运用读者智慧和已有知识理解文本内容的复杂的认知加工过程。阅读是人类社会中不可缺少的一种活动，是人类传承智慧的重要手段，是学习各门学科的基础，也是掌握外语的重要途径之一。得益于文字的产生，语言的声音信息能够被转化为文字信息并长期地保存起来，从而突破了口口相传在时间和空间上的限制，使人类社会所积累起来的经验能够被系统地保留并广泛传播，极大地提高了人类知识积累的速度和质量，使人类的宝贵经验能够代代相传，积累叠加，从而创造出光辉灿烂的文明，恩泽后世。阅读既是学习者语言输入的主要来源，也是掌握和提高语言应用能力的基础。

在我国，凡是在英语上有所成就的学者，无不非常重视广泛阅读。他们的成才之路或曲折，或平坦，但是阅读所起的作用绝对不容忽视。大量阅读对英语学习至关重要，而没有大量阅读很难学好英语。现今学生的一个通病是阅读量太小，拘泥于短文章上的“精耕细作”，产生不了语感，因而口、笔语都缺少外国味。多读文学作品和外国报刊不失为一剂良药。阅读是在语境中学习外语。所学得的语言是地道的、自然的、活生生的，学起来也快。大量阅读又能培养学习者的语感。阅读还是扩大词汇量的一个重要手段。阅读有助于扩大知识面，提高个人的人文素质。在现代社会中，阅读又是获取信息的一种重要手段。大量的阅读，包括消遣性阅读，对提高英语能力极有裨益。接触大量有意义的、有趣的，或是相关的第二语言输入材料是决定第二语言能力的关键因素。广泛阅读是一种被很多学者认可的有效的教学行为。

阅读还有利于培养思辨能力。思辨能力实际上是人的认知能力（cognitive skills）和情感特质（affective dispositions）的统一体。认知能力包括分析、推理、评价 3 项技能。情感特质包括好奇、开放、自信、正直和坚毅 5 种性格特征。思辨能力离不开宽广的知识面。广泛阅读能够完善学生的知识结构，通过知识的增长促进语言的发展，提高学生分析问题和解决问题的能力。阅读的神奇作用不仅限于语言学习方面。阅读优秀作品可以启迪读者对生命和人生的思考，帮助读者洞察人性的优、缺点，学会与不同的人和平相处，互利共赢，使读者的精神受到优秀人文思想的熏陶，塑造人格，促使读者的个性得到健康的发展。优秀的作品往往影响一个人一生的人生道路和做人准则。阅读强大的教化作用不能被低估。阅读是用自己的生命体验、情感和意识与文本中潜藏着的生命进行对话，是自我生命成长和升华的过程。

对绝大多数学习者来说，阅读是他们获取知识的主要来源。英语学习者只有大量阅读人文领域的精品，才能真正感悟到语言运用的奇妙之处，领悟到异国社会文化，汲取各个民族的思想智慧，博采众长，为己所用。阅读是语言输入和积累的主要来源。在我国现有的条件下，大部分学生今后工作所需的主要外语技能还是阅读能力。阅读不仅是学生接受语言输入的主要来源，而且是学生掌握和提高语言应用能力的基础。阅读活动不仅可以提高学生的英语阅读水平，而且有利于英语其他技能的发展，如写作、口语、听力、翻译等专项技能的提高。此外，阅读还可以快速有效地促进词汇习得，加深对词汇的理解。

英语学习过程中，阅读是学习者使用最为频繁的语言技能。大量阅读对提高学生英语水平有着不可替代的作用。阅读有利于促进语言能力的发展，促进学习情感的构建。在语言摄入量很小的情况下，学习者很难获得语感，也就很难学好外语。除此之外，阅读有利于促进学习者记忆词汇，提高写作能力，拓展社会知识面等，并有利于激励学习者学习的主动性和积极性。英语阅读对听、说、写和翻译等能力的提高起到有力的促进作用。宽广的知识面对英语学习非常重要，因为语言是知识的载体。其表达的内容无所不在，涉及人类生活的方方面面。只有尽可能熟悉相关的知识，学习者才能提高对语言的理解能力和表达能力，在提高语言水平的同时增长各种知识，学到另一种文化的精华。

（二）阅读对英语其他技能的促进作用

1. 阅读有利于词汇量的扩大和习得

词汇量大小对学生至关重要，是英语所有技能的基础。大多数学生把词汇量匮乏认定为顺利完成考试的最大障碍。就是因为词汇量小，在被考查听力时听不明白。可见，因为词汇量不足，考生尽管对阅读部分的文章花费时间很多，但还是看不太懂，做题速度提不上去。

除了死记硬背词汇表外，大量阅读简易读物对词汇量的增长很有帮助。阅读除了能提供可理解输入和丰富的语境外，还能有效地促进词汇习得。所以，教师应该尽可能多地鼓励学生大量阅读。阅读是词汇量快速增长的最佳途径之一，并且通过这种方式学到的单词不像单纯背词汇表那样枯燥乏味。学生在享受阅读乐趣的同时，不知不觉学会了词汇。词汇习得是阅读的副产品，是在完成阅读任务的同时顺便增加了词汇知识。这种词汇习得不会增加读者的额外负担。在同等条件下，阅读量越大，词汇习得的效果越好。阅读量大时，阅读材料中的目标词出现的频率，即接触次数（time of encounter）就越高，因为多次接触，记忆也就越深，那么这个词被习得的可能性就越大。

众所周知，扩大词汇量是一个长期的积累过程，很难在短时间内完成。让学生学习新单词的同时，还必须保证他们能够时时回忆原有的词汇知识。大多数的学生愿意把时间花在背记新单词上，而常常忽视对学过的单词的再学习。广泛阅读可以帮助学生加深对已有单词的认知水平，发现“旧”单词的“新”意思。深层次加工可以产生较强的记忆痕迹，持续较长的记忆时间。

近年来在词汇教学研究领域中的一大趋势是强调词块或称语块（chunk）教学。词块指语义和结构模式化了的固定或半固定的块状结构。词块可以避免学生语域使用不当，减少搭配错误，提高学生运用语言的准确性，增强自信心。在阅读的过程中学生可以大量获得词块，通过阅读后归纳总结积累成为自己的词汇。词块具有可生成性，可以从一个词块生成许多同类词块。在一定程度上可以以词块为单位进行阅读。词块的内容量在单位上扩大了记忆的容量，从而加快大脑的信息处理速度，阅读速度也因此得到了提高。

2. 阅读有利于提高听力水平

首先，广泛阅读能够开阔读者的视野，增长学识。这些新知识被学习者汲取后就变成了学习者的内在图式，而丰富的背景知识有助于提高学习者听力理解的水平。这个过程本身就对听力起到促进作用。学习者在阅读中会接触英语国家的风俗习惯、行为准则、政治制度、审美观、道德伦理观、思维方式、宗教信仰、人际关系等方方面面。这些都会对学习者产生不同程度的影响，开阔他们作为个体人的思维方式，帮助学习者理解他人、兼容并包、求同存异。一旦学生拥有了丰富的背景知识，对理解相关的听力材料就会起到很大的辅助作用。这就是“以读促听”。

其次，广泛阅读有利于把握听力中的复杂句式。听力普遍是学生的弱项。教师应帮助学生分析这个句子的结构，弄明白复杂长句的语法特征和各从句之间的关系，找到句子的主干部分，了解其内涵。然后通过反复练习阅读类似的长句，提高学生对长句理解的准确性和速度。这样处理后，在今后听类似长句时就会少走弯路，提高听力的效率。

总之，听力中的一些困难可以通过阅读加以解决。阅读可以扩大词汇量和知识面，加深对词义、语法现象的理解和记忆，有利于对听力内容深层次的理解；阅读可以训练思维、理解力和概括能力，从而提高听力的速度与准确性。学生在听的过程中既不要受困于个别单词和短语，也不要仅限于听后完成几道选择题，而要抓住听力材料的主旨，理解文章的脉络大纲，把握主要内容。阅读能帮助教师实现听力课的最终教学目标——帮助学生完成专业全英文课程学习并听懂英语讲座。

3. 阅读有利于促进口语能力发展

提高口语能力是当代学生在英语学习方面的普遍诉求。为此，有的学校专门开设了口语课程，而有些学生特意报名参加各种口语培训班，觉得口语只要多练就能提高。这是因为只有大量的输入，才会有吸收，然后才能输出。足够的输入是一定输出的前提和保证。听和读是输入语言的两种主要渠道。比较而言，听要受多种外部条件的限制，而读更方便、更准确，是输入的基础和根本。

鉴于我国非英语专业学生英语学习环境的具体情况，若单纯依靠大量阅读活动提高口语能力，那么学生的精力和时间是得不到保证的。他们只有阅读成千上万的书籍，才能获得足够的可理解输入。这种做法对于学习任务已经很重的中国大多数学生来说是不适用的。

在外国理论和中国实践相结合的基础上，中国教师创造出了提高口语能力的方法，即通过阅读，背诵大量可理解的词汇、短语和句型，以提高语言输入量，并取得了初步成果。可见，口语能力和他们平时大量读书是分不开的。因此，若没有一定量的输入，就很难有高质量的输出。

4. 阅读有利于促进英语写作的发展

写作是一种输出型技能，必须有一定的输入做基础。听和读被认为是输入型技能。两者相比，读比听更准确、方便，不受场所和器材的限制。学生书读多了自然就在语言方面和知识方面有了一定的积累，就可以写出一些有思想的文章。所以，多读是写作的前提。只有书读得多了，才能有一定的文化积累和专业知识积淀，才能有动手创作的欲望。

三、英语阅读的基本内涵

英语阅读，是指阅读用英文表达的东西，即人们通过阅读英文书面语材料，从中吸取知识，获得信息。现代阅读理论认为，阅读是一种吸收和转换语言信息的心理过程，阅读不是简单的信息输入，而是对信息进行加工、筛选，使其与读者头脑中已经存储的信息相互联系和重新组织。由此可见阅读的过程就是理解的过程，即读者用眼睛去感知语言文字符号，获得视觉信息，继而用脑去理解视觉信息的过程。就阅读的目的而言，阅读可分为略读、浏览、精读、泛读、快速阅读等。就阅读的方式而言，阅读有朗读和默读两种。默读是最符合实际需要的阅读方式，因为默读速度远比朗读速度快。英语阅读实际上主要是借助视觉进行的阅读。默读是英语阅读理解中最常采用的方式，比如在英语考试中就采用默读的方式，人们读书看报大多都是采用默读的方式，因为默读是一种最方便、最有效的阅读方式。

由于阅读目的不同，读者的阅读活动会有很大的差异，根据阅读的目的，英语阅读可分为英语学习性阅读和英语应用性阅读。英语学习性阅读指将英语阅读作为英语学习方法而进行的阅读，阅读的目的是学习英语这门外语。英语应用性阅读是指利用英语知识以实现读者某种目的而进行的阅读，读者的目的不是学习英语，而是获取语言以外的信息，增长知识、陶冶情操等。

英语应用性阅读的读者可能是以英语为母语的读者，也可能是以英语作为外语或第二语言的读者，其共同特点是他们存在较少的语言障碍。而克服英语学习性阅读过程中的语言障碍则正是读者的阅读目的，没有语言障碍就等于没有实现其阅读目的。

实际上，在学校英语教学中，我们所进行的阅读不是纯粹的语言学习性阅读和纯粹的语言应用性阅读，而是语言学习性阅读中有语言应用性阅读，语言应用性阅读中有语言学习性阅读。

第二节　英语教学基本理论

一、英语教学的内涵解读

（一）英语教学的属性

1. 英语教学的语言属性

英语是一种语言，对它进行教学就是一种语言教学，这其实就是揭示了英语教学的本质属性。所有的语言教学活动都有一个明显的目的，就是要培养与提高学习者的语言应用能力，英语教学也不例外，它既向学习者传递英语基础理论知识，也培养其英语语言技能。在中国，英语一直以来都贯穿在基础教育与高等教育的始终，学校、家长与学生都特别重视英语，尤其在应试教育占上风的中国教育界，英语的地位在未来相当长的时间内还是无法被其他语言撼动的。中国学生到了大学阶段也要学习英语，只不过对于大多数的学生来说，英语只是一门选修课，这让不少学生对英语的学习掉以轻心，导致许多学生的英语应用能力一直都没有提高。

2. 英语教学的文化属性

从文化、语言诞生之初，二者就具有极为密切的关系，文化是语言产生的土壤，而语言也能将不同时期的文化特征反映出来。所以从这里可以看出，英语教学并不是一种简单的语言教学，它必然涉及文化部分的内容，这给英语教师提出了高要求，在教学过程中，教师要注意向学生传递文化方面的内容，注意培养学生的文化思维以及跨文化交际能力。

（二）英语教学的多维内涵

1. 英语教学的基本内涵

在中国，英语教学是一种非常普遍的教学活动，只要中国教育体系不发生大的变革，英语教学就会一直在中国语言教育界占据统治地位。认识英语教学，可以从教学参与者——教师与学生两个层面来看。从教师的层面上来看，教师的角色是引导者，英语教学是通过一定的教学手段对学生进行英语教育的活动；而从学生的层面上来看，英语教学是学生所进行的英语学习活动。任何一种教学活动，也包括英语教学活动，都具有一定的互动性，存在教师与学生、学生与学生之间的互动，不过最主要的互动还是存在于教师与学生之间。

通过简要的分析，英语教学的基本内涵可从以下几个方面着手。

第一，英语教学从实施之初到结束都充斥着目的性，且根据不同学期、不同单元的目标，其所生成的目的性也不同，因此可以说，英语教学目标也并不具备唯一性，它也需要根据英语教学的实际情况确定。

第二，英语教学是一个复杂的系统，为了确保系统的平稳、高效运转，需要在实施之前进行规划，这就让英语教学具有了计划性，系统的计划可以由教育行政机构制订，也可以由学校与教师考虑自己学校的实际情况制订。

第三，英语教学内容丰富，大家熟悉的词汇、语法、写作等知识是最基础的理论知识，除此之外，因为它主要的目的就是要培养学生的语言应用能力，因此，它还包括培养学生的英语应用技能。对于教学的实施而言，内容只是前提与基础，它还需要教学方法的支持，自英语教学开始之初到现在，已经形成了多种多样的英语教学方法，尤其在信息社会，英语教学方法更是获得了从未有过的大发展。

2. 英语教学的人文内涵

一直以来，中国英语教学普遍存在这样一个问题，那就是英语教师都比较注重对英语基础理论知识的讲授，而对英语语言文化方面的知识极少涉及，这导致英语课堂弥漫着浓厚的应试教育氛围，课堂的文化氛围始终没有建立起来，英语教学的人文内涵也就无从谈起。而从根本上来说，英语教学绝对不是简单的语言教学，英语语言背后的文化也应是其内容的一部分。

前面已经论述过，文化与语言关系密切，要认识语言，当然要了解文化，而要实施语言教学，也需要清楚与之相关的文化教学部分。由此可知，现代英语教学也不应固守传统英语教学的“监牢”，而是应该摆脱束缚，既培养学生的语言应用能力，也培养学生的人文素养，也就是说，要将学生培养成全面的英语人才。

从人文角度认识英语教学，其范围比较宽泛，不仅包括大家熟悉的英语语言国家的发展史、风俗习惯等，而且还包括其特色的民族文化，可以说，英语教学的人文内涵特别丰富，涵盖范围极广，它是说英语的民族长期以来形成的文化精粹。所以，在英语教学中传播英语国家的文化是可行的、必要的，这要求教师在教学实践中要树立并贯彻以学生为本的思想，在开展基础理论知识讲解活动的同时，对英语文化知识做全面分析，以让学生了解西方优秀文化，认识中西方文化差异，这对于学生的英语学习大有帮助。

我国各级学校所使用的教材一般都注重英语基础知识的阐述，对于人文内涵方面的内容涉及不多，虽然这方面的内容不多，但这并不意味着教师就不需对它进行讲解。相反，教师要重视英语文化教学，在教学活动开展之前，要借助网络收集与所讲的英语知识相关的文化知识，并在课堂上将这些知识传授给学生。结合文化的语言学习，是一种更深层次的学习，通过学习文化知识，学生能更清楚地认识语言在使用时的语境，这能帮助其有效避免一些在具体应用语言时的文化失误。还需要说明的是，教师向学生讲解文化知识，除了要求其能够扎实掌握英语文化知识，同时还需要其具备较高的人文素质，英语教学过程本身就是一个文化不断传播的过程，教师较高的人文素质能让英语教学的人文内涵快速揭示出来，同时也有助于学生对文化知识的理解与消化。

根据人文主义教育的理论可以知道，教育的最终目标是要实现人性的完美，而对于英语教学来说，它也要以这一目标为终极目标，这就要求英语教师在英语教学过程中对学生进行人文主义教育，而充斥在英语语言背后的文化就是人文主义教育的重要资源，基于此，英语教师更要注意在教学过程向学生进行文化渗透，通过这一举措，不仅强化学生对西方文化的认知，同时也培养学生优秀的品格与人文素质。

3. 英语教学的通识教育内涵

通识教育与英语教学存在的一个共性就是它们都属于高等教育。通识教育最主要的目的就是打开人的心灵，并且用一切手段去净化它，让它可以将人们获得的知识消化、使用。一般来说，通识教育具有灵活性、应用性的特征，它不仅能让人拥有聪明才智，而且还能让人拥有良好的口才。对纽曼的话进行仔细分析可以发现通识教育的理念，它注重人的全面发展，认为受教育者可以利用学习这一手段将自身的潜能有效挖掘出来，这样其价值就能体现出来，最重要的是，其不仅身心、智力可以获得不错的发展，而且思想品格也能获得发展，受教育者的全方位发展也就实现了。

从不同的视角探究通识教育，可以发现其多面性。从性质层面上来看，也能确立通识教育的地位，通识教育是所有学生都应该接受的一种非专业方向的教育活动；从内容层面上来看，这种教育形式所蕴含的知识与技能不仅具有广泛性、专业性，还具备非功利性，同时，其所涵盖的范围非常广，将大家所熟悉的社会科学、人文科学以及自然科学等所有内容几乎都包含其中；从目的层面上来看，通识教育培养的是能够积极参与社会、具有较高的社会责任感的优秀人才。

“通识教育”四个字的精髓在于“通”，在这里，“通”的意思就是融会贯通，就是说所有的学科之间都可以相互贯通，当进行一个学科的学习时，学习者可以从其他学科中找到学习的思路，也可以从其他学科中收集资料，更重要的是，学习者与不同学科背景的人交流可以让其感受不同的学科文化，充实自己的学科体系。

此外，还可以从教育生态学的角度认识英语教学，可以将英语教学体系看作一个处于运动中的生态系统，教师、学生以及周围的环境都是该系统的组成要素，其中，需要特别说明的是，环境主要由三部分构成，分别为社会环境、自然环境与规范环境。

一般来说，教学的规范环境主要包括以下几个方面的内容。

（1）教学的规范环境内涵非常丰富，它既包括一些为社会大众所普遍接受的教学态度，也包括长久以来形成的教学规范等。

（2）贯穿在教学各环节中的教学要求、理念以及评价标准等都是教学规范环境的一部分。

教师、学生及其周围的三种环境共同构成了英语教学生态系统，在这个系统中，不同的要素在各自发挥作用的同时，也会相互影响。英语教学生态系统蕴含着非常丰富的通识教育的内涵，它将语言基础课程作为系统的核心，认为教师在教学过程中首先要关注的是英语教学基础内容。

通过对英语生态教学系统进行分析，可以发现，英语教学是通识教育人才培养模式体系中非常重要的组成部分之一，通过英语教学，学生学习到了丰富的英语知识与技能，且自主学习能力也能有所提升。

二、英语教学的原则

（一）兴趣性原则

兴趣在英语教学中发挥着至关重要的作用。因此，教师应意识到兴趣的重要性，在教学中多借鉴其他优秀的教学方法去唤醒学生的情感，激发学生英语学习的积极性，这样，学生就能更加自觉地进行英语学习。

调动学生的兴趣可通过以下几种手段实现。

1. 充分尊重学生的主体性

我们必须认清教育的本质，了解教育是一种主动的过程，同时教师也应该放下自己所谓的固有姿态，认识到这样一个事实，那就是英语课堂的主体是学生，只有学生主动地、自觉地进行英语学习，英语教学才能取得不错的效果，而学生的英语学习能力才能有所提高。

基于此，英语教师要在总结学生生理与心理特点的基础上，在剖析与遵循英语学习规律的前提下，采用多样的教学方法激发学生的兴趣，让学生主动学习，主动使用英语进行交流。

2. 对教材进行深度挖掘

教材依然是教师开展教学活动的主要辅助性工具，教材中涉及丰富的、系统的知识，教师在备课过程中，需要将教材中可以引起学生兴趣的内容挖掘出来，这样学生在学习时就能感受到无限乐趣，也就更加愿意学习。

比如，教师可以为学生创设英语教学情境，将师生在日常生活中的问候对话搬到课堂上，这就使英语教学变得日常化，这些简单的、熟悉的对话能让学生产生共鸣，所以当其用英语来表述时也会相对来说容易一些。正是在熟悉的场景中开展英语对话，学生才能放松心态，其英语应用能力才会有所提高。

（二）系统性原则

英语教学本身就是一个复杂的系统，包含非常多的内容，因此，在教学过程中，教师要明白一件事情，那就是英语教学过程不可能一蹴而就，它需要循序渐进，只有从整体上出发，在把握系统性原则的基础上，才能够保证英语教学的有序性。而要遵循系统性原则，教师就需要做到以下几点。

1. 系统安排教学的内容

英语教学内容的安排并不是随意进行的，它需要教师按计划进行。教材的编排从一开始就确立了其系统性，编排者在总结教学规律与学生学习规律的前提下编排教材，为教师与学生提供了一个鲜明的结构层次，也就是说，教师根据目录结构编排内容，本身就遵循了一定的教学规律。在英语教学过程中，教师对于生词和新的语法，不需要一次性地讲解给学生听，而是要一步步来，由浅入深，这其实也是系统性的展现。而教学内容的安排需要以教学的系统为指导，内容安排才会更加科学、合理。

2. 系统安排学生的学习

学习活动虽然琐碎，但是若从宏观上来看，可以发现，任何学习活动到最后都具有一定的系统性。因此，教师要帮助学生进行连贯的学习，让学生可以从系统的角度构建自己的英语知识结构体系。因为学生的学习意识与学习习惯养成并不容易，这就需要教师要有恒心，不仅在课上要时刻对学生的学习做出合理的安排，而且在课下也能对学生的学习做出恰当的安排。

另外，有些学生没有认清平时学习与期末学习的关系，教师必须帮助他们清楚认识这一关系。必须让学生明白，学习不是可以临时抱佛脚的事情，要想在期末获得不错的学习成果，必须在平常的学习上下功夫。学习是讲究方法的一件事情，因此，当学生陷入学习的困境时，教师要及时对其进行指导，帮助其形成适合自己的学习方法。

（三）持续性原则

在完成初级阶段的英语学习之后，学生还要向更高级别的英语学习阶段迈进，因此，在英语教学中，教师就要坚持可持续发展原则，不能急于求成，要帮助学生打牢基础，才能使其向着高阶学习阶段迈进。要实现持续性原则，教师可从以下几个方面着手。

1. 做好知识的正迁移

遗忘是学习任何知识都不可避免的问题，因此必须通过巩固来习得语言知识。但是，仅凭消极的巩固往往得不到满意的效果，教师要在教学中培养学生的英语实践能力，也就是在发展中达到巩固，以巩固求发展。而巩固性和发展性需要在概念同化、知识和技能的迁移中体现出来。因此，学校英语教学中应尽可能地通过各种方法锻炼学生知识正迁移的能力，以便学生更好地掌握英语。

2. 培养学生学习英语的正确态度

具体来说，教师应该重点培养学生积极的、勇敢的学习态度，重要的是要让学生了解学习英语是一件快乐的事情，可以让他们在享受中学习英语。在英语学习的过程中，学生不可避免地会遇到一些问题，当问题出现之后，教师要鼓励学生自己去探究，要培养其克服困难的意志，树立其学习英语的信心。

（四）主体性原则

学生是英语教学的主体，这给英语教师以启示，在开展英语教学活动的过程中，教师要秉持以学生为本的教学理念，选择教学方法也要从学生的需求出发，只有这样，英语教学的有效性才能实现。教师要为学生创造更加优越的学习环境，帮助学生排除一切影响其学习活动的干扰因素。总而言之，教师所有的教学决定都需要从学生的实际情况出发。

教师在教学活动中起着一定的主导作用，这种作用主要体现在教师能帮助学生加快学习的进程，当学生在学习英语的过程中遇到问题时，教师首先要让学生自己探寻答案，而当学生确实无法解答时，教师要给予适当的指导，从而使其可以顺利解决问题；当学生在学习过程中出现学习焦虑心理时，教师就需要对其进行心理疏导，以增强学生学习英语的信心；而当学生取得不错的成绩时，教师除了要对他们的成绩给予肯定之外，还要对其进行鼓励，要求其不要满足于现状，要不断努力，攀登更高的山峰。

主体性原则要求教师要以学生为中心，不仅在课堂上尊重学生，而且在课下也要关注学生的思想与学习动态。教师在进行备课时，不能仅仅依靠教材，而是要考虑学生的学习诉求，要先听听学生的想法，这样所制订的教学计划才能顺利实施，预期的教学目标才能实现。

（五）灵活多样原则

1. 灵活多样的课程设置

当前，英语课程设置相对比较固化，英语语言基础知识类课程已经占据了英语课程的“半壁江山”，很显然，这种单一的课程设置对于培养学生的综合应用能力是非常不利的。

为了改变这一现状，各学校应该多开设一些新的课程，比如英美社会与文化、英美文学欣赏等，这些课程既丰富了英语课程体系，同时也开阔了学生的视野，让学生有更多的渠道了解英语，熟悉英语国家的文化。多样的课程让学生在课程选择上占据优势，学生可以根据自己的爱好与兴趣进行选择，而学生的自愿选择能在一定程度上激发其学习英语的积极性。

2. 灵活多样的教学模式

传统英语教学一直以来在教学模式上都未做出真正的改变，教师讲—学生听的模式已经延续至今，但是时代在发展，英语教学也并未停止前进的步伐，这就给英语教学模式提出了新的要求。

人类已经步入信息时代，信息技术的发展为英语教学模式创新提供了技术支持，多媒体教学、翻转课堂教学、移动课堂教学等新的教学模式不断涌现，让英语课堂变得五彩缤纷。基于信息技术的教学模式在一定程度上拓展了英语教学的空间，教师借助互联网可以收集到更多的教学资源。同时，这种教学模式还极大地改善了学生的学习情况，不仅丰富了学生的学习内容，最重要的是，还为学生提供了更加多样的学习形式。

在互联网的支持下，学生的学习活动相对变得比较容易，教师利用互联网下载文字、音频、视频等资源，为学生营造一个多样的学习环境，通过对学生进行多感官刺激，让其找到自己喜欢的教学方法，从而可以调动其英语学习的热情。在新的教学模式下，学生在学习活动中的角色也发生了明显的变化，学生不仅是自身学习任务的设计者，而且也是学习活动的合作者与评估者。

教师在学生学习活动中的作用依然不能忽视，教师要引导学生如何正确地学习，帮助他们培养自己的学习个性，形成良好的学习习惯。

3. 灵活多样的课堂活动

英语教学是教师与学生双向互动的过程，互动应该成为英语教学改革者与英语教师关注的重点。克拉申（Krashen）的可理解输入假说就强调了课堂互动的重要性，这给英语课堂教学互动提供了理论依据①。在英语教学过程中，教师也应该以这一理论为基础安排学生的学习活动，多设计一些可以让学生充分参与到教学中来的活动，多样的活动不仅能加深学生对所学知识的理解，还能培养学生的组织与协作能力。

课堂活动的形式不限，教师可以根据教学内容进行合理选择，可以是大班形式，也可以是小组形式，只要能激发学生的学习欲望，能让学生意识到学习的乐趣，任何课堂活动形式都可以被引入英语课堂中来。需要说明的是，最好的课堂活动是既能保证学生英语知识的“输入”，也能保证知识的“输出”，也就是能培养学生的综合应用能力。

4. 灵活多样的评价方式

英语教学的评价方式不能单一化，而是要向多元化发展，对不同的评价方式进行整合，以实现评价的最优化，例如，可以将形成性评价与终结性评价结合起来。评价也应该有所侧重，不能单纯地将英语基础理论知识作为评价的重点，要将文化知识及应用等相关内容纳入评价对象体系中来。

需要说明的是，评价应该是从多个层面展开的，教师不是评价的唯一主体，学生也要参与评价，可以是对自我的评价，也可以是同伴之间的相互评价。学生之间的互评不仅能让学生通过他人角度了解自己的学习情况，还能加强彼此之间的联系，维护关系的和谐。可见，多种多样的评价方式可以让学生置身自由、和谐的学习氛围中。

---

①方新柱. 克拉申“输入假说”及其对我国大学英语教学的启示［D］. 上海师范大学，2003. DOI：10. 7666/d. d008473.

考核形式也不应固定、单一，可以采取将开卷考试与闭卷考试结合起来的方式，也可以采取将笔试与面试结合起来的方式，相对来说，面试可能更加符合英语学习的特点，教师与学生可以面对面直接交流，但在实际评价过程中，这种方式很少为教师所使用。在具体运用何种评价方式进行评价时，教师要灵活选择，可以让学生进行个人阐述，也可以让其采取小组讨论的形式，甚至可以采取答辩的方式，但无论使用哪一种方式，教师都要从学生的实际情况出发，在了解学生学习情况与个人特点的基础上选择合适的评价方式，以保证评价的科学性、合理性。

另外，还需要注意的是，在设置命题时也应该保证命题的多样性，要给学生提供多样的题型，这就既保证了不同学生可发挥的空间，也能较大范围内考察学生的学习情况。

（六）正确利用母语原则

中国学生从一出生说的就是汉语，汉语是中国学生的母语，他们在日常生活中用汉语进行交际，在学习生活中用汉语进行学习，用汉语表达的思维习惯已经形成并固定下来，在学习英语时，这种汉语思维必然会对学生的英语学习产生不小的影响。但是，必须明确的是，汉语对英语教学可以产生正迁移的影响，也可以产生负迁移的影响，教师应该积极利用汉语对英语教学产生的正迁移影响，将母语的作用发挥到最大，这样就能保证英语教学的效果。教师遵循正确运用母语的原则应注意以下两点。

1. 适当用母语进行解释

中国学生已经熟练地掌握了汉语这种母语，而英语对他们来说是第二语言，因此在学习过程中难免会困难重重，尤其是他们的语言表达习惯已经固定，很难再做出较大的改变，这更增加了他们学习英语的困难。这就要求教师在英语课堂上可以利用学生已经形成的母语思维习惯进行英语教学，这样学生只需要转换一种语言符号就能掌握英语知识。不过，还需要指出的是，这种母语思维习惯只能恰当利用，因为学生在学习英语时很有可能参照母语的思维，这样就无法形成英语思维，做到对英语的真正掌握。

2. 通过母语与英语的比较帮助学生理解

学习英语并不是一件易事，尤其是中国学生长期受到汉语的影响，已经形成了相对固定的语言交际习惯，因而在学习英语时很大程度上会受到汉语的影响。因此，教师可以充分利用英汉语言差异进行教学，让学生在了解语言差异的基础上进行学习，这就有效规避了一些因母语系统而产生的错误。

英汉两种语言在语言结构、语法规则等方面都存在显著的差异，教师在进行英语教学时，可对两种语言进行对比，让学生在分析语言差异的基础上更好地认识英语，这样学生就能较好地把握英语的语言规律与学习策略，在交际时也会更加得心应手。而对于英语教学来说，这种对比式教学也能提升教学的质量。

（七）输入优先原则

在英语教学中，教师还要遵循一定的输入优先原则。输入就是指学生通过听力与阅读训练而获得英语知识的形式，一般来说，输入的数量、质量与语言输出成正比。输出是指学生通过口语与写作进行英语表达的形式，输入与输出之间虽然“走不同的道路”，但是二者之间也存在必然的联系，输入是输出的前提与基础。因此，教师在英语教学中要优先进行语言输入。

通常来说，教师在英语教学中遵循输入优先原则，可从以下几个方面着手。

（1）保证输入内容与形式的多样性。要为学生多选取一些题材新颖的材料，让那些能够展现社会发展的材料成为学生材料库的一分子，这也是英语教学与时俱进的表现。同时输入的形式不能仅仅局限在文字上，声音、视频等也可以成为输入形式。

（2）要鼓励学生对纯正的英语发音多进行模仿。由于长期置身汉语环境，学生很少有机会学习纯正的英语发音，因此，教师可以为学生提供一些英语纯正发音的音频，让其在下课之后进行模仿练习。为了保证练习的效果，教师可以对学生进行分组，让其在小组范围内进行模仿，一旦学生出现语音上的问题时，其他学生就可以帮助其改正，这样就能保证学生的英语发音学习效果。

第二章　英语阅读理解障碍与阅读的技巧

第一节　英语阅读理解障碍

一、阅读障碍的定义

阅读障碍，是指在阅读中出现的任何障碍，不论其强度如何或成因如何，这是对阅读障碍的最广泛的定义，代表了人们对阅读障碍的一般性理解。本书所要讨论的阅读障碍，是指阅读者在教育机会、社会环境、经济条件、学习动机和情绪等方面，与其他阅读者没有明显差异的前提下，所表现出来的阅读语能障碍、阅读能力及阅读技能障碍。阅读障碍与阅读者的生理因素、认识过程有关，同时也与阅读者的社会阅历、智力状况及受教育程度有关。

二、阅读障碍分类

由于阅读者的个体差异以及对阅读障碍成因的不同的理论假设，再加上研究者所用的大量不同的测量工具，我们不得不说，一个可信的有效的并且为大家所公认的阅读障碍的分类系统可能永远不会产生。阅读障碍的分类研究是必要的，因为阅读能力与语言学及认知科学方向的关系，阅读障碍为其提供了丰富信息，并且有助于对阅读障碍的诊断和界定，更有利于发展不同的教育程式来帮助不同类型的阅读困难者。一些常见的阅读障碍分类如下。

（一）落后阅读者的阅读障碍与特定阅读者的阅读障碍

落后阅读障碍者的阅读成绩或智商均比实际年龄落后两年半以上，并且在其他方面同时表现出滞后，如走路、精细化动作技能和言语发展等，这些阅读者显示更多的神经和器官的机能障碍，也更可能来自较差的家庭及社会环境。特定阅读障碍者具有正常范围以内的智商，并且只在语言方面出现迟滞。这一类人群才是研究者更感兴趣的，并且也更加具备理论、研究的价值。

（二）获得性阅读障碍与发展性阅读障碍

获得性阅读障碍通常发生在已具备了相当水平的阅读能力的成年阅读者身上，他们由于明显的神经性损伤而显现出阅读困难；发展性阅读障碍的个体则从未经历过神经损伤，他们是出于其他种种原因而无法在阅读上取得正常进展。

（三）表层阅读障碍与深层阅读障碍

许多研究者提出的关于阅读的双通路模型为界定这两类阅读障碍提供了强有力的理论支持。此模型提出词义的两条主要通路：直接的词汇通路和间接的语音通路。利用直接通路，是读者将知觉分析阶段的字词的整体特征储存在心理词典中，阅读时就从心理词典中进行整字字形的提取。利用间接通路，由于英文是表音文字，读者可以通过字词的形音转换规则来编码视觉信息，将知觉分析阶段的字词以音素组合的形式储存在心理词典中，阅读时就从心理词典中进行语音的提取，碰到发音不符合形音转换规则的字词，该通道就会发生错误反应。因此，一个成熟的阅读者必须能够同时很好地利用这两条通路。表层阅读障碍是指阅读者可以熟练利用间接通路，但在直接的词汇上却表现出特定困难；而深层阅读障碍的表现恰恰相反。不过，对这两种阅读障碍的理论诠释仍存在争议。

三、英语阅读障碍的因素

（一）导致学生英语阅读障碍的心理因素

1. 认知风格

认知风格主要是指人们接受、组织和检索信息的不同方式。研究者分出两种类型的风格：场依赖型风格和场独立型风格。

场依赖型风格的特点如下：

①依靠外部参照系统处理有关信息；

②倾向于从整体上认识事物；

③往往缺乏主见；

④社会敏感性强，易与他人交际。

场独立型风格的特点如下：

①以自我为参照系统；

②倾向分析；

③具有独立性；

④社会交往能力相对较弱。

研究者发现，场独立型学习者倾向于在模仿句子时省略子项目，保留整个短语；而场依赖型学习者正好相反。场依赖型学习者在自然环境下学习英语更易成功，而在课堂教学环境中场独立型学习者可能更占优势。对于英语学习者来说，不同的学习目的和任务、不同的学习环境需要不同的认识风格或学习策略。而作为工作在第一线的教师应了解不同学习者的不同认识风格，针对不同的学习任务，不同的学习环境，注意发挥其特长，并相应地对学生的学习策略和认识风格加以引导，必将激发学习者学习英语的兴趣。

2. 思维方式

（1）英汉思维方式比较

传统的价值观是文化的核心。每一个民族都有其独特的价值观念体系，这套体系直接影响人的思维方式、交往规则，对人们的社会生活起着指令作用。处于同一文化的人共享同一种价值观，交往并不困难；反之，则引起误解。处于不同文化的人，了解了其中的观念、差异，就能做出比较准确的预测，使交际成为可能。价值观的表现范围很广，诸如世界观、群体取向与个人取向、时间取向等，这些方面的差异构建了不同的思维方式。不同的价值观形成了不同的思维方式。有人指出，中国人的思维有从大到小的特点，如讲时间按年、月、日、时为次，写地址依国、省、市、县、区、街、室为序，而英语的表达则恰恰相反。这就体现了中国人的整体思维，即自然与人处于一个统一的整体结构中，由大到小也就是先整体后局部。西方人则认为相互独立的部分组成了世界。因此，由小到大，由点到线，他们的思维方式是归纳式的、线式的。还有学者认为，英语是一种理性语言，其理性特征体现在当语法规范与逻辑规范发生冲突时，总是语法让位于逻辑。而这种理性特征与欧美哲学较早地与科学技术相结合有很大关系。同时与培根和洛克等一代启蒙哲学家所倡导的逻辑论证有很大关系。持某一特定语言的民族的思维习惯是语言、文化、思维不断转化的结果，因此不同文化在思维方式方面的差异也会造成在交往规范、编译码方式、词法、语法等方面的不同。

（2）母语对英语阅读的正迁移和负迁移

在行为主义语言习得理论中，语言被看作一种习惯，学习英语意味着学习一套习惯。在学习新习惯的过程中，旧的习惯（母语知识）必然会对新的习惯（目的语知识）的学习产生影响。母语中与目的语相似的地方将促进目的语的学习，而母语与目的语有差异的地方便对学习者习得目的语产生困难，差异越大，困难越多。这种原有知识对新知识学习发生影响的现象称作“迁移”。促进新知识学习的迁移称为“正迁移”，阻碍新知识学习的迁移称为“负迁移”。

近年来，应用语言学研究，特别是二语习得研究的结果表明：二语或外语学习中的母语迁移不是有无的问题，而是迁移什么、迁移多少，在什么情况下发生迁移，是正迁移还是负迁移等问题。母语的负迁移是中国学生提高英语阅读理解水平的主要障碍。

从认知的基础来看，儿童学习母语词汇的过程是在一定的社会环境中习得某一事物的概念，同时也习得该概念的语言表达方式，概念与语言学习的过程是同步的；而外语学习者是在已有概念系统外学习一个新的语言符号来表达某一概念。母语的概念系统与外语的概念系统不可能完全一样，其对应的语言符号的交流也各有特点。母语和外语的差异表现在以下方面。

（1）语音方面。由于母语与外语运用的语音符号及组合方式有差异，因此，同一个概念的外语表达会形成记忆或阅读理解上的困难。

（2）文字书写方面。对母语和外语属于不同类型的书写系统的外语学习者来说（如中国学生学习英语，汉语属表意文字，英语属表音文字），其视觉适应和阅读习惯都会造成词汇学习上的困难。

（3）词法方面。不同的构词方法和词的形态变化给学习带来困难。

总的来说，母语与外语在各个层次的差异越大，学生学习外语的困难就越多，当然也有特殊情况，即越是相似，越容易引起误解和困难。

一般来说，学习外语阅读的学生已具备了母语的阅读能力，根据语言的功能理论，人们掌握语言，主要有以下几个方面的作用：表达、指文、描述、辩论和元语言。任何一个具有母语使用能力的人都能运用语言完成上述功能，任何一种语言也能完成以上功能。如果一种语言知识和能力作为系统知识储存在大脑里，重新学习一门语言就意味着创造另一个知识系统。根据“格式塔”理论，新知识的输入必然以原系统为参照系统或立足点，原系统必然会对新系统产生影响，或者说，原系统的大部分或一部分必然会成为新系统的一部分。阅读能力发生迁移是肯定的、必然的。错误分析显示，学生在各个层次上，如语音、语法、语用等层次上都由于受母语的影响呈现出系统偏差，说明迁移已不自觉地在进行。由于语言功能的普遍性，语言手段以及运用语言的手段必然大量呈现出普遍性，因此，语言能力的正迁移必然是不可避免的。有调查表明，外语阅读能力强的学生一般来说母语阅读能力也很强。但是我们不能反过来说，母语阅读能力强的人外语阅读能力也一定很强。这是由外语阅读本身的特点所决定的。

首先，语言能力和技能的正迁移有一定局限性，它一般发生在更呈普遍现象的语言规则和语用原则上。语言差异、文化差异越大，正迁移越少。就中国学生学习英语而言，文字符号、语音规则、语法规则、语用原则等都与母语迥异，这些方面必然对阅读理解的速度形成障碍。从一种书写系统到另一种书写系统，这必然在视觉反应和大脑信息接收方面产生困难。

其次，母语阅读能力和技巧的不足也影响正迁移过程，影响外语阅读能力的迅速提高。中国学生在语言学习方面缺乏这方面的特殊训练，在这种情况下，对学生外语阅读能力的培养便缺少一个较理想的基础。

最后，学生的情感因素对阅读发生影响，如态度、动机和个人性格等。

我们认为，语言是一种认识世界的工具，某一语言的词法结构体系和语义结构体系反映了该语言社团认识世界的方法，同时也反映了该民族历史、文化发展的轨迹，集中表现该文化传统的价值取向等文化信息。对于已掌握母语的基本词汇和基本语法结构的外语学习者来说，其外语词汇和语义结构的学习必然会受到母语和语义知识的影响。母语与目的语之间的距离对这种知识迁移有很大关系。某些研究发现，母语为汉语的学生在学习英语中所犯错误的51%来自母语的干扰。由此可见，母语在外语习得过程中有着相当复杂的作用，如何利用学生的母语知识、语言知识，促进正迁移、减少负迁移，是值得外语教师认真研究的课题。

（二）导致学生英语阅读障碍的文化因素

1. 知识结构对英语阅读的影响

阅读研究界有句名言：阅读理解不是读者感知文字的意义，而是读者赋予文字以意义。从认识心理学和个体认识发展的过程来看，外在客观的意义都来自主体。对于一个不懂英文的人来说，他所听到的英语和所看到的英文，对于他是无意义的。正如有人给你一件东西，你不知道它是什么，不知道它的用途，它对于你就是无意义的。如果给你东西的人告诉了你它的用途，它对你就是有意义的，你在感知这个东西时，你便将意义赋予了它。因此，阅读的过程就是利用读者已有的知识和体验，去感知眼前文字并达到理解的过程。

读者的知识结构是指读者大脑中所具有的一切，是读者一生经历并在大脑中留下记忆痕迹的全部长时记忆内容。具体而言，读者的知识结构包括一个人的全部知识和体验以及在获取知识和体验的同时获得的各种感知、情感、体验和各种能力。这里所指的知识和体验，包括一个人在家庭、社会和学校等，可获得的有关人生、社会和自然万物的一切人类知识、体验以及发表的硕士学位论文，如学生英语阅读理解障碍及教学对策研究过程中所形成的各种特征。我们不仅在阅读时会感到知识结构的存在及其作用，在感知新事物时也会感到它的存在和作用。由于读者个体的阅读理解具有个体性、相对性，因此对语言文字的理解存在个体差异。这是因为语言是为人类对已知世界所贴的标签，这种标签不是标记外在的具体实物，而是标记人脑中的概念，而人脑中的概念的内涵又会因人而异。

知识结构在个人的认识过程中时时都在起作用，英语阅读活动和英语阅读能力的发展也同样离不开知识结构。它是阅读的深层基础。许多英语专家之所以有高超的阅读能力，是因为其文化根底深，知识结构丰富。

2. 中西文化差异对英语阅读的影响

几乎所有讨论语言与文化关系的学者都承认语言是文化不可分割的一部分。文化是一个复杂的社会现象，是一个民族知识、经验、信念、价值、宗教以及时空观念的总和，它具有鲜明的民族性与地域性，并作用于一定社会的一切领域。语言只是文化中的一部分，任何语言都是某种文化的反映，是文化的载体。语言有着深刻的社会内涵，只懂语言而不懂文化，结果就只能是“只见树木不见森林”，就很难完全理解和正确使用语言。

在英语教学中，我们发现，学生在阅读理解过程中，文化因素的干扰是十分明显的。很多文章学生都可以读下去，单词也都认得，但就是对文章所要表达的意思不太理解。这是因为文字包含着很深的文化烙印，大至社会文化、制度、习俗等方面，小至对某一单词的背景、感情色彩等方面知识的缺乏。所以，很多学生对文章往往是可以不费太大劲就能看完，结果却不能理解整篇文章的内容。另外还发现，同一语言难易度的阅读材料，文化差异大的，学生理解就困难；相反，理解就容易。正是这种文化上的差异，使我们在接受别的语言形式时容易受到制约，不习惯用对方的语言来理解对方的真实意图，从而造成阅读障碍。

第二节　英语阅读的技巧

一、阅读前的技巧分析

（一）选择合适的阅读资料

在当今的社会，英语阅读材料非常丰富，既有传统的纸质书籍，也有电子出版物，真是汗牛充栋、浩如烟海，令人眼花缭乱。从中选择材料时，大部分人会不知所措。在开始阅读之前，我们必须进行选择，找到适合我们的阅读材料。教师在选择阅读材料时，要注意材料的趣味性、可读性、时代感、知识性、思想性和可思性，特别是注意其中的思想导向。如果阅读一本不适合自己的书，那么比不读该书还要糟糕。教师在推荐阅读材料时要发挥主导作用，提高学习者的阅读品位，培养高雅的阅读兴趣。阅读材料要达到预想的效果，就必须具有可理解性、有意义（comprehensible and meaningful）。如果阅读材料的主题非常有趣，学生就很容易将其与自己的生活相联系，从而乐于同其他人交流思想和经历，有利于阅读后各种活动的开展。太简单的英语材料不能引起学生的兴趣，而内容太专业、生僻或生词太多的语篇也不适合作为阅读材料。

教师要开展大规模的阅读活动，可以首先利用好精读课本的配套阅读教材，从中选取适合的材料。这样做的首要好处是保证每个学生都有相同的阅读材料可读，免去了专门申请购书经费的烦恼。其次，配套教材都经过了审查，词汇量和内容方面不会出现大的偏差，也比较适合学生目前的水平。教师还可以利用项目申请的机会，申请专项经费购置阅读材料。教师也可以让学生一人买一本喜欢的书籍，互换阅读，建一个班级流动图书馆。

作为学生如何选择合适的简易读物呢？学生首先要对自己的词汇量有一个大概的估算。网上有词汇软件可以计算学习者的词汇量或者根据自己的学业水平可以估算出来。然后可以亲自去大型实体书店，到英文简写本书架处，抽出一本随便翻开一页试读一下，看看内容自己感兴趣与否、生词多不多。如果生词过多或者内容无趣，则可以再找找这本书的上一级或下一级看看。如果是网上购书，则也可以用此方法试读一下，最终决定是否购买。

（二）预测

阅读技能的培养需要大量的阅读实践活动和训练。首先要培养学生对阅读材料的预测能力，并激活相应的背景知识。预测分为多种方式，例如看到标题后猜测可能会出现的内容，浏览文章的小标题、插图后猜测可能会涉及的细节内容，根据文章的第一段预测全文的内容等，还可以根据上一句预测下一句。这些预测活动能够调动读者内在的知识，进行知识的交换，对理解新的文本起到重要的作用。

预测是进行有效阅读的方法之一。常用的预测方法包括 3 种：全文预测、下一句预测和段落预测。拿起一篇文章，通过看文章标题，预测文章的内容，思考文章的走向，思考一下文章中可能包含哪些自己已知的内容，这就是全文预测。如果文章有小标题，则下一步通过浏览各个小标题，猜测文章的基本内容，文章的结构，作者的基本观点、态度。预测还可以是预测下一句。看完一句话后，稍做停留，猜猜作者下一句会说什么，思考一下作者这么写有什么别致的地方、好在哪里。预测还包括对每一个段落的预测。读完一个段落后，稍做停顿，想一想下一段有可能写什么。会出现什么样的情节，人物或事件的发展方向是什么样子。通过预测，可以发现作者构思的巧妙之处，提高自己的写作技巧。预测把被动的阅读行为变成了主动的探索过程，通过预测这种行为，把未知的文章和自己已有的知识联系起来，用已知促进对未知的理解，加快了阅读理解的进程。正确的预测可以大大提高阅读理解的进程；如果预测错误了，则要及时调整自己的思路，按照作者的思路去理解。

（三）词汇辨析

词汇辨析指快速准确识别单词或短语的能力。这点对准确、快速理解阅读内容极为重要。如果你没能够准确识别单词或短语，那么错误的词汇理解就会误导你所读的内容，令你迷惑不解或把你领向错误的方向。你不得不停下来，返回去，反复阅读同样的内容，以便重新找回思路。因此，阅读理解的效率会大大降低。有些练习可以帮助提高词汇的辨析能力。

（四）意群停顿

作为一个语言单位的意群具有表达意思的相对完整性。意群，是个意义群体。它是根据意思被划分出来的。它可以是一个词、一个固定短语、一个分句、一个简单句等。在交谈中，意群是停顿和换气的标准。划分意群是正确表达思想的前提，否则就会出现歧义，产生误解。意群在阅读中也起着很重要的作用。在阅读过程中，眼睛需要在字里行间停留。有些地方目光停留的时间长，而有些地方则只需一扫而过就行了。在一个句子中，有的词具有关键词义，有的词仅仅是结构的信号，有的只传达辅助信息。因为并不是每个单词都需要受到同等的关注力，所以并不需要目光做相同的停顿。要想提高阅读速度，就必须把握眼睛停顿的地方，按照意群进行停顿，这样做便于理解整个句子的意思。正确识别意群，需要在瞬间区分句子的主干成分和分句，要注意非谓语动词的作用，厘清搭配关系，明确指示代词的指代关系，还要了解逻辑关系。在阅读的过程中读者必须快速划分意群。通常，意群由几个词组成，可以是一个词组、一个短语、一个分句等。意群也可能是一个词，但孤立的词并不能等同于意群。一个句子中的意群在内部表现为语法关系密切，外部表现为读音中间不能停顿。意群的正确分析和划分、核心意群的认知和提取，在英语阅读理解中对正确理解句意，进而正确理解文章至关重要。

（五）注意特殊词语和符号

语篇标识词（discourse markers）、结构词、信号词在文章中起重要作用。这类词语非常丰富，在语篇构成中起组织衔接、连贯作用。这类词包括表示转折、列举、承接等关系的实词和虚词。它们对理解文章非常重要，因为掌握了它们就可以大大增强阅读理解中的预知下文的能力。这些词不仅在句与句的关系中起衔接作用，在段与段之间也起到桥梁作用。段落是文章的重要组成部分，每一个段落又可以自成一体，成为一个相对独立的整体。段落中的内容应该围绕一个主题展开。段落中的句子要完整、连贯，过渡自然顺畅，文字清晰，结构清楚，层次分明。句与句之间的逻辑正确、合理。句子内部、句子之间、段落之间形成不同的关系。有些关系会通过过渡词表现出来。理解和掌握相关的过渡词对提高阅读速度能起到极大的推动作用。特殊词和符号可以帮助读者及时调整阅读思路，快速把握作者表达的主旨。

（六）英语语篇的基本结构

因为同一个文体的文章具有大致相同的结构特点，所以阅读教学中，教师不可忽视由语篇体裁特点而形成的篇章结构框架。有意强化学习者的篇章结构意识，培养学习者的篇章结构策略，能有效地促进阅读教学。根据语篇分析理论，同一类型的语篇结构具有大致相同的语境要素。韩礼德和哈桑将这些相对固定的语篇结构总结为语篇结构潜势（structural potential）。语篇结构潜势包括 4 个方面：一是必备要素（obligatory elements），指对于任何类型的语篇都不可少的要素。二是选择要素（optional elements），即语篇结构中可有可无的要素。三是前两种要素的出现顺序。四是递归潜势，即某一要素的变化是否会引起其他要素的必然变化。按照文章的发展脉络，英语语篇大致可以分为 4 种类型：描写文、说明文、议论文和记叙文。

1. 描写文（description）

描写文是运用生动的语言文字对某人、某地、某物或某个情景等进行细节和形象上的描写刻画。在描写时，作者要充分运用各种器官对所描写的对象进行生动、逼真的勾勒，侧重于外在和情感方面。一般情况下描写文与其他文体一起使用。

描写文有以下几个特点：第一，重在描绘。通过细致入微的观察和细腻的语言表达，用文字再现事物的本来面貌。可将其分为描写人物、描写地方、描写场景以及描写情景。第二，描写文要注重主次分明。对重点的事物要用较多的笔墨，而对那些次要的细节则必须省略掉，否则会干扰读者的注意力，达不到作者的写作目的。描写文中应该选取最有代表性的或者最有说服力的细节，抓住事物的核心气质。气质是其所特有的灵魂，是它与其他事物区分的本质。描写必须有所选择，取舍得当，详略有度。始终围绕事物的核心特点进行描绘，摒弃任何与这个中心无关的信息，保持全文的统一性。同时选取最有代表性的方面进行重点详细的描写。第三，多种感官共同起作用。调动看、听、嗅、尝、触等多种感官。在文字中重现人们对某个事物的感知，从而使描写生动形象。为事物注入生命元素，注入灵动。通过灵活运用句型使描写连贯。对于好的描写文，作者是隐身的，以避免对读者的干扰。描写文具有用词精确具体、观察细致入微、语言表达力深厚和想象力丰富等特点。描写文要始终保持清晰的方位。

描写人物时，作者不仅要描写他的外貌，更重要的是要揭示这个人的性格、品质、情感和行为举止，突出他与众不同的特征。描写地点时，有些时候作者为了写景而写景，更多的时候风景只是一种暗示、一种内心的反映、性格的体现，被用于营造气氛，预示某些事情会发生。描写物品时，作者常常会提及其形状、大小、颜色、轻重、材质、气味等感官感受。有时候侧重写物品的价值、与相关人物的关系、所起的作用、所蕴含的情感。描写情景时，情景包括 3 个基本要素——场景、人物和动作。有时情景是文章的中心思想，而有时只起到烘托作用，情景中描绘的也许只是某种自然现象。

描写文的这些特点为我们阅读这种文体指明了方向。在很多情况下描写文经常与其他文体共同使用，用以表达作者的思想和观点。我们阅读描写文重在探讨作者的思想内容，很少有作者为描写而描写。

2. 说明文（exposition）

英语说明文是以说明为主要表达方式，被用来说明、解释某一客观事物的特点、性质，解释某种抽象概念或科学原理、自然现象等，阐明事理，传播知识和信息的一种文体。在英语文章中说明文占据了一个很大的比重，用途非常广泛。翻开报纸、杂志随处可见——规章、法令、计划、说明书、科普小品、编辑出版说明、解说词、辞书、注释、年鉴以及公文中的各类文告、合同和部分批示、报告、请示等都是说明文。说明文被用来对客观事物的性质、形态、特征、结构、功能、成因、结果或发生发展过程进行解释说明。其目的是使读者对事物的本质获得完整而清晰、客观、准确的认识和了解。

英语说明文的语言特点，总体上是客观科学的语调和语言风格；说明目的明确，用词准确，条理清晰；集知识性和信息性于一体；主题鲜明；语言较正式，结构严谨，以事实陈述为主，并不做太多的分析、论述和推断。大部分说明文个人感情色彩并不浓厚。科学研究型的说明文句子呈现方式复杂，时态变化较少，特殊词汇较多。有些科学短文语言朴素，没有用到太多的专业术语，通俗易懂。

英语说明文的结构（Exposition Structure）。

说明文是以说明为主要表达方式的一种写作文体（writing style）。说明文有外部结构和内部结构之分。外部结构指实体结构和信息组合方式，如大标题、目录、小标题、词汇表、图表等。内部结构指这些信息和概念在文章中的组合方式。英语说明文的结构与汉语说明文的结构相比，它们有很多相似的地方。通过对比可以很快把握英语说明文。

第一，说明文的外部结构。与其他文体（特别是议论文结构）相似，说明文同样由导言（introduction）、正文（body）、结尾（conclusion）三大部分组成。

导言——概说，即文章的开头部分，主要是提示文章的主题，向读者说明文章的主要内容、事物和对象。通常可为以下一项或几项：①概述某一现象或事物的基本特征。②概要介绍事物、现象的总貌或局部特征，以引起读者求知的兴趣和积极性。③介绍足够的背景材料。④揭示说明文的写作目的、要求或依据等。

正文——是说明文的主体部分，运用各种说明方法，具体进行陈述，介绍知识和信息。这部分既是写作的重点，也是作者用笔墨最多的地方。

结尾——给出结论。进行总结和归纳或者提示读者需要对相关的内容进行进一步的研究。

第二，说明文的内部结构。常用的内部结构分别是：描述、列清单、顺序、对比（比较）、因果、问题—解决。

描述指对具体说明对象的特点、习性、使用规律做具体而翔实的描绘和刻画，主要介绍一个事物、场景，或描写一个人的特点。列清单指逐条列出相关的数据、性能等，如介绍一种疾病的特点和治疗方案、某种新产品的性能、新车介绍等。顺序指通常说明文按照一定的顺序展开文章，如用时间顺序、空间顺序、主次顺序、逻辑顺序等介绍或解说事物或事理，给人以知识和信息。对比（比较）类型的文章描述了两个或两个以上事件、地点、概念、事实、人物、性格或其他的方面进行比较或者对比的情况。对比和比较有些差别。对比的目的在于找到不同点，而比较的目的是找到相同点。例如比较两个人物的异同或两种方法的优劣经常使用对比/比较的结构。因果类型的文章会列出事情发生的原因，或者原因导致的结果，也会对原因和结果做出解释。

通常，文章的结构以因果的顺序安排，但有时候也会先介绍结果，然后围绕结果展开讨论，分析原因。

这 6 种说明文结构并不一定会同时出现在同一篇文章中。在实际的写作中，根据文章内容有所取舍，选取一种或者几种使用。快速识别出不同的说明文结构对阅读说明文、区分文章的主要部分和次要部分、抓住主题句、把握作者的主旨非常有好处。

根据说明文的特点，在阅读时我们可以快速寻找主题和中心思想。

（1）寻找主题。说明文的主题通常是一个事实、一个科学论断，或者一个过程。在捕捉文章主题的过程中读者会遇到不同的情况。有的作者采用开门见山的方式在文章的标题或开头处直接点出主题。有的作者虽未在文章标题或开头给出主题，但文中多次出现的一些具有鲜明特点的词语、名称、专用语被作者采用层层推进的手法反复论证。读者完全可以据此断定文章的主题就是这些多次出现的语言成分。还有的文章对某些词语进行定义性解释、描述，读者也可断定被解释和描述的对象即文章的主题。另外，有作者并没给出明确的主题，需要读者归纳和总结。这在阅读中要多费精力。

在正文中，要注意段与段之间如何使用过渡性词语和连接词巧妙地衔接，使文章更加清晰、严谨、自然、流畅。说明文展开顺序的具体方式可分为以下几类：

①以时间为顺序，重点写事物随时间变化的文章。

②按空间顺序，介绍自然景物、名胜古迹、场景的文章。

③按主次轻重的顺序，重点解说事物的作用、用途，或全面介绍事物特点的文章。对主要的部分重点写，而次要的部分则会一带而过。

④按逻辑顺序，需要更加严密地阐述事物或全面解说事物性质状态的以及必须反映事物自身逻辑顺序的文章。

（2）寻找中心思想。中心思想体现在每篇文章、每个段落，甚至每个句子中最重要的部分中。它既是作者思想观点的集中体现，也是作者最希望读者理解的内容。在寻找阅读材料的中心思想的过程中。读者常常遇到的情况是：有的阅读材料每一段文字都有自己的主题句，而把各段的主题句集合在一起就形成了全篇文章的中心思想。通过分析读者就会发现，各段的主题句都是从不同的角度反映中心思想。

因为作者的写作嗜好不同，主题句出现在各段中的位置就不同。在开门见山的文章中，各段文字的主题句也许就是该段的开头句。它对整段文字起着决定性的作用。有的主题句是段落的结尾语，对整段文字起着总结归纳的作用。还有一些文章的段落主题句既没有在段落的开头，也没有在结尾，而是在段落的中间部分。更有一些文章的段落没有明确的主题句。读这样的段落就需要读者对文字多加关注，特别注意文中重要的事实、例证，并以此为线索，从中总结出作者的观点。由此可见，阅读的过程并不是消极被动地接受过程，而是读者积极参与分析文本，主动构建意义的过程。如果遇到那些思想观点缜密、深奥，甚至晦涩的文章就更需要读者积极参与、主动思考以把握文本内容。

把握说明文的结构特点对于阅读说明文具有重要价值。教师在授课中可以利用课本中的说明文进行详细分析，帮助学生了解和把握说明文的结构，让他们反复练习，做到举一反三，然后把有关说明文的知识运用到新的阅读材料中，能够加快对新材料的理解和吸收。

3. 议论文（argumentation）

英语议论文作为英语的一种常用文体，在日常工作、学习中占有重要地位。对议论文的阅读理解是学校英语阅读实践的重要组成部分。议论文是运用概念、判断、推理等逻辑思维形式，通过摆事实，讲道理，对客观事理及事物本质规律进行科学的分析论证，以阐明作者的思想、主张、意见及见解的一种文体。议论文与说明文的作用不同。议论文重在说服别人，即以理服人；说明文重在阐述，告诉别人这是什么。常用的议论文写作方法有例证法、分析法、因果互证法、归纳法和演绎法。

英语议论文有其自身的结构和特性。它是非散文类文体阅读中较难理解和控制的一种类型。第一，文章思维严谨。它综合了英语中其他文体的特性，具有较强的说理性、逻辑性和主观性，信息量大，采用抽象思维，如概括、判断、推理等组织形式，不易被学生理解和掌握。第二，议论文的用语严谨，语句结构较复杂。由于在这种文体中作者通常使用较抽象的词语、典故以及复杂的句法结构和修辞手法，语句中还常包含大量隐含意义，它往往会给读者带来阅读理解的障碍，从而降低阅读理解的效果和速度。第三，东西方文化、习俗等对议论文影响很大。由于受差异文化交际因素的干扰，英语和汉语在语言思维习惯、思维方式、罗列事实、组织观点、谋篇布局、语篇结构和行文风格等方面差异较大，再加上受我国学生在此方面母语负迁移现象的影响，更加重了理解上的负担。了解以上这些特性有利于帮助学生学会运用正确的阅读策略和技巧，对提高议论文的阅读理解效率具有重要的实用价值。

一篇议论文章自成一体，且其中的观点和论据都与主题或中心思想密切相关。它具有形式上的衔接性与内容上的连贯性，通常都有一个贯穿全文的基本观点引线——引论、本论和结论。论点、论据和论证是议论文三要素。论点指作者所持的观点、见解、主张或者态度。论据指证明论点的判断。论证是论据论述论点的过程和方法。

在英语议论文阅读的过程中，根据英语议论文的特性，以语篇阅读及其综合技巧应用为基础，采用多种阅读方式，重视语篇、语义和观点的关联和衔接关系，特别是文章的主题思想和观点的发展。英语议论文谋篇布局通常采用“问题—问题的解决”模式以及“主张—反主张”的形式，通常以提出问题、分析问题、阐述自己的观点和态度的形式展开。阅读议论文要学会基本的篇章分析法，在抓住文章主题的基础上，归纳每段的中心思想或段落大意。根据英语议论文的篇章结构特征，其论证方法主要采用两种：演绎法和归纳法。演绎法是一种从一般到个别的推理方法，指从一般陈述开始，最后给出具体、特殊的结论。归纳法是一个从个别到一般的推论方法，是指从个别实例出发，最后得出一般性结论。阅读议论文特别要注意段落展开的特点，要有意识地加强利用段落主题句方面的辨别和分析能力。阅读过程中要紧紧把握主线，熟悉作者的论证思路，开展高效的阅读理解活动。另外，还要注意充分利用语篇中的标识语或信号词语，增强条理性和逻辑性，准确理解文本信息，做到重视文章所表达的意义，从而改变不良阅读习惯和方法，尽量减少不必要的回读，减少细节化的内容给理解文章意思带来的干扰。

与说明文类似，议论文的展开方法通常有：①比较和对比法；②因果关系法；③时间顺序展开法；④分类法；⑤过程或步骤法（process）；⑥定义法（definition）等。在一篇文章中作者会根据写作目的选择一种或几种写作方法。

4. 记叙文（narration）

记叙文是以叙述作为主要表达方式，交代已发生的事件和人物的行为经历，大多数是对事件和经历的叙述和描写。记叙文是一种常见的文体。我们经常阅读的故事、小说就属于这类文体。英语记叙文的阅读模式可以围绕概要、定位、进展、评议、结果/结局和尾声这 6 个要素展开。

概要是记叙文叙述开始前叙述者提供的故事的梗概。定位是记叙文的基本组成部分，帮助读者确定时间、地点、人物、人物活动或者情景等。定位的标记主要是动词的过去进行时以及时间、方式和地点状语。进展包含着一系列叙事句，展示故事的发展情况。叙事句采用一般过去时和一般现在时，是叙事结构中的最小单位，并以时间为顺序排列。评议是叙事非常重要的元素，指叙事者或叙事中的人物对故事发展或故事中人物的某种看法、观点和态度，包括对故事的起因、发展、影响和故事人物行为等所做的评议。评议分为直接评议和间接评议。结果/结局是指事件是怎么解决的，正式表明叙述结束。尾声体现故事的完整性，标志着事情已经结束，并把故事讲述者和读者/听者带回到故事的起点。由于英语记叙文的模式主要是围绕上述 6 个要素展开并按一定时间顺序，地点、空间的转移发展的，因此阅读时一定要注意人物、地点和时间顺序，然后找出它们之间的相关信息，按照文章中出现的时间、地点、人物关系、事件发展过程进行分析。抓住阅读记叙文的 6 要素就能够了解故事发展的大致脉络。

二、阅读中的技巧分析

（一）猜词（有根据地推理生词的含义）

学生在阅读文章时，因为词汇量有限，遇到的第一个问题就是如何对付所遇到的生词。所以，有根据地猜词，或者说有根据地推理一个生词的意思，是一个很常用的技巧。有学者认为，如果读者对一篇文章的词汇把握不到90%，那么阅读过程中会遇到重重困难并且阅读理解率不高，即阅读效果不好；如果读者对该语篇词汇的掌握率在90%~98%，则这个语篇可以作为合适的泛读材料，且读者会从中受益匪浅；如果读者对该语篇词汇的掌握率在98%以上，则阅读会进行得非常顺利，可以称为一个享受过程。了解这几个数值有助于教师帮助学生挑选适合他们的阅读材料，根据学生的现有词汇水平可以选择一些合适的分级读物，通过不断地阅读、积累，逐步提高阅读水平。

即使教师掌握了词汇量和阅读理解之间的数字关系，学生在实际的操作中也会遇到生词。教师不可能为每个学生订制合适的阅读材料。特别是在班容量很大的课堂中，教师只能模糊区分学生的词汇水平，配以相应的阅读材料。学生在进行实际阅读时，依然会遇到各种困难。在学生遇到生词时，经常听到教师说："不认识的单词，如果不重要，不影响阅读理解全文，先跳过去，不用查词典。读多了自然就会明白。你们可以通过上下文猜出这个单词的意思。"由此可见，教师在阅读教学中也鼓励学生猜词，认为这是一种必须把握的技能。

阅读时不查词典，保持了阅读思路的连贯性，节省了阅读时间，有利于顺利流畅阅读。阅读中的思路不被打断，有利于理解全文的整体含义，也保持了阅读的乐趣。有些不重要的词，即使不明白其意思，照样可以顺利阅读，因为不重要的词不会影响读者对全文的整体理解。我们从许国璋教授的经历中还可以看到，阅读在开始阶段都很不容易，都需要读者耐心坚持下去，不论是否查词典，只要往下读，都会有收获。

学生能否顺利地猜词，涉及几个方面的因素。根据现有的研究成果，影响猜词准确性的主要因素涉及学生自身的猜词能力和文章的语境线索。可以根据上下文和词汇学进行猜词，可以使用经过修改的完形填空来训练学生通过语境猜词的能力。英语好的学生具有更好的猜词能力，学习者本身词汇量的大小，对其词汇附带习得也有显著影响。词汇量大的学习者表现出更多的词汇习得。这一点较容易被理解。词汇量较大，猜词的准确度就会较高，就能够在同等时间内产生更高的效率。

（二）跳读和略读

英语文章一般用开门见山的写作方法，且把最重要的部分放在开头几个段落中。在阅读一篇文章时，对开始一两段要读得比较慢。这样做有利于抓住作者的主要观点、写作目的、写作风格、创作基调，核心词也会出现在这几个段落中。这也为略读和跳读打下基础。对重点的内容要稍微读得慢一些，而对次要的内容则要读得快些，尤其要仔细阅读小标题。对于不同的内容，只有采取不同的阅读方法，才能提高阅读效率。

略读又被称为跳读或浏览，是为了获取文章的主要大意和能说明问题的一些重要细节，以尽可能快的速度阅读文章，有选择性地获取所需要的信息，而对文章的非重点部分可以忽略不读的阅读方式。这是一种专门的、非常实用的快速阅读技能。略读/跳读时，因为速度较快，部分文章内容被略去不读，会影响整体阅读理解水平，但这点正是略读的特点之一。这种阅读方式以抓住文章的主要内容或者中心思想为目的，不重视细节，阅读时根据需要有大量取舍，可以将不影响主要内容的生词绕过去而不予考虑，待以后查词典。

1．略读的特点

（1）阅读速度快，寻找文章中的主要信息。

（2）根据文章的难、易度灵活调整阅读速度。阅读目的性强，可以跳过某个部分或某些部分不读，只需要把握文章的大意或中心思想。

（3）理解水平可以稍低一些，对某些细节可以不去注意。

2．略读的技巧

（1）先整体预测略读。利用文章的标题、副标题、小标题、斜体词、黑体词、标点符号等，大概了解文章的内容。特别注意作者的思路、文章结构，以便把握文章的大意和布局，了解有关细节的位置和主要观点的相互关系。

（2）对开始一两段要慢读。文章的前两段多为重点段落，往往会出现文章的中心思想和主旨。以一般阅读速度阅读文章开头的一两段，力求抓住文章的大意，文章的背景，作者的风格，口吻或语气，作者的观点、态度以及核心词等。通过这种较慢的阅读速度对文章有一个大概的了解，并记住一些重要细节。

（3）重点阅读段落的主题句和结论句。抓住主题句就掌握了段落大意，可以略去细节不读。一般主题句会在一个段落的段首、段末或段中间，但是有些段落并没有主题句，要读者自己归纳总结。主题句是一个段落内容的高度浓缩。抓住主题句就等于掌握了段落大意，就能够区分主要部分和次要部分，从而可以略去细节不读，提高略读速度。通过抓住每一自然段的中心论点或中心句来判断一篇文章的大意。如果阅读记叙文，就应该抓住故事发展的线索以及故事的起因、经过和结果，就像平时谈到的 5 WH（who，what，when，where，why）。

（4）注意信号词、转折词、序列词和一些特殊符号。转折词如 however，moreover，in addition 等；序列词如 firstly，secondly 等。这些词让阅读过程更具有条理性，易于把阅读内容内化。

(5) 按照意群浏览，而不是一个单词接一个单词地停顿，以减少眼观停留的频率，提高阅读速度。

(三) 寻读 (查读)

寻读又称查读，是指在对文章内容有所了解（即略读）后，读者从文章中查找与某一问题、观点或单词有关的信息，如人物、事件、时间、地点、数字等，而将其他无关部分略去不读，寻找特定信息的可靠依据的快速阅读方法。例如，学生做四级阅读单选题时，看完题干后带着问题回到原文找答案时，就可运用寻读的方法阅读。寻读时，要以很快的速度扫视文章，确定所查询的信息范围。

寻读与略读不同。略读时，读者事先对材料一无所知，而寻读则是在读者对材料有所了解的情况下进行的。具体地说，寻读带有明确的目的性，有针对性地寻找问题的答案。在阅读理解测试中，当我们明确了题干信息后，需要从文章里获取答案时，我们往往会从题干中选取一个或两个定位词，回到文章中进行定位。这种在文章中以最快速度找到解题可靠依据的能力就是寻读所必备的能力。

作为一种快速寻找信息的阅读技巧，寻读既要求速度，又要求准确性。寻读时，我们的视线在文章中扫描的速度极快，大部分信息都是从眼前一带而过，而只有当我们所需信息出现时，我们才加以关注。寻读能力就像从大量的沙子中以最优的效率挑选出金子。

寻读的技巧如下：第一，利用文章标题、小标题、黑体词或插图。寻读之前要明确自己寻找什么，要对文章的结构布局有一定的了解。首先看看文章标题或章节标题，由此确定文章的哪部分包含自己所需要的材料，或者哪一部分包含何种材料。这样可以直接跳到那个部分进行寻找，以避免浪费时间而盲目搜索全文。有针对性地先确定一个范围，有助于提高阅读的时效。第二，关注关键词（key words）以及一些重要的过渡词（transitional words）。先找到包含所需信息的章节的大致位置，准备寻读。然后要留心所需信息中的关键词和一些过渡词。关键词是题干所特有的词或词组，例如专有名词、数字、时间等。一定要事先记住所需信息中的关键词，在与文章进行比对时要注意关键词出现的位置，在其前后重点进行阅读。对那些常见的过渡词，如 but，however，as well as，as a result，in a word 等要留心。这些词告诉读者作者的思路变化情况，有利于抓住文章的主题思想。

查读是英语阅读的主要技巧之一，对提高阅读速度起着关键性的作用。在快速阅读时常采用查读的方法，查读需要快速浏览全文，越过文中次要部分，把握文章主题，快速查找所需要的信息，忽略不重要信息。这种方法不需要逐词逐句的阅读，因而提高了阅读速度。与此同时，阅读的准确性可能要降低一些。

（四）细读

细读要求读者毫无遗漏地仔细阅读全部语言材料，一句一句地分析，以获得对整篇文章深刻而全面的理解。好语篇的内容是通过语言文字而变得丰满起来的，语篇中的遣词造句亦是经过作者反复推敲而成文的。细读要求读者仔细研读语篇，注意作者的遣词造句和每个词语的意思。关注文本细节，细细品读、感悟语言文字的内涵及文本之外的东西，文章就会愈加丰满起来。细读对于深入了解语篇内容，洞察作者的写作意图具有重要意义。只有潜心研读文本，关注文本中语言文字的别致之处，才能感悟到文字的语言魅力。细读文本就像与作者进行心灵对话。只有潜心阅读，才能读出自己对文本的独到感受。学生因为时间有限不可能对较长的语篇进行整体细读，但是可以有选择性地细读部分语篇，深入感受作者遣词造句的奇妙之处。

（五）朗读

在阅读的过程中，激情所致，如果读者发现极好的句子，不妨停下来大声朗读一下，感受一下语音的奇妙之处。朗读有利于发挥语言的感染力，加速语言的内化，对深刻领悟文章内容极有益处。我们的汉语学习讲究朗读。好的作品不仅读着朗朗上口，而且读者能不知不觉地背下来。好的英文句子朗读出来也同样优美动人，特别是散文和诗歌。诗歌只有被朗读出来才能令人体会到押韵的特点，感受到诗人激情澎湃的情怀。

三、阅读后的技巧分析

（一）复述文章

在阅读完一篇文章或者读完文章的一部分后，学生可以采用复述的方式进行知识内化，同时检测一下自己对该部分的理解程度。复述的形式既可以是找朋友一起复述，也可以自己一个人找一个安静的地方出声讲述一遍。复述时，如果遇到原来没有读明白的地方，思路就会被卡住。因此，复述可以让学生自己了解哪个地方没读懂，可以促使学生重读相关的章节，加深对文章的理解。复述文章还能够加深对语篇的整体理解。复述的过程，就是学生对所阅读内容的内化过程，是学生对整篇文章的重新感知过程，是更高层次的知识理解与巩固过程，能把文字知识变成可以表达的口语内容。如果文章的篇幅较长，则可以采用分阶段复述的方式。

教师也可以使用这个方法检查学生对文章的理解程度。在课堂上教师可以列出一些关键词，提示学生，以帮助他们顺利完成复述。复述的缺点在于复述对环境要求较高。个人自己复述要找一个相对安静的地方，不受他人的影响，以便思路不被打断。课堂上复述占用时间较多，而且一个时间段内教师只能要求一名同学复述，其他同学只能安静地听着，而时间有限，故只能进行抽查，从而影响了检查的力度。如果课堂时间较为充裕，教师就可以把学生分成若干小组，让小组成员互相复述和监督，共同完成复述的任务。这样可以检查到每个人。

复述时有几点注意事项：①尽量使用阅读材料中的新词、新语。学生在复述时大多数倾向于使用熟悉的词语，而这样做不利于词汇习得。在复述的过程中要提醒学生用新学的词语和新的句子，以有利于巩固新词汇，促进语言能力的快速发展。②注意复述过程中的时态、语态等语法现象。有的学生一开始复述就忘了语法，而只顾故事情节。这需要在复述前提醒学生要保持时态的一致性。在复述的过程中教师不要学生一出错就立即纠正。这样做不利于学生复述思路的连贯性。可以挑主要错误纠正，或者学生复述完成后给予总结纠正。③复述时注意学生口语表达的逻辑性。教师既要注意语法问题，也要提醒学生组织语言时注意逻辑关系。

（二）归纳、总结，撰写读书笔记或者读后感

学生在阅读时如果能够顺手记下好的词语、句子、段落，读完后进行适当的归纳和总结，则会事半功倍，使阅读效果大大提高。如何进行归纳、总结呢？

首先，准备一个自己喜欢的笔记本。不要随便找一张纸随写随丢，否则没有任何意义。自己喜欢的本子，自己看着高兴，就想往上面写字，写的时候心情愉快就不觉得累。

其次，归纳、总结什么？

（1）摘抄好词好句。在阅读的过程中会不断遇到自己认为好的词语句子，不妨在阅读的过程中动动手，把它们都抄下来，以便自己以后反复玩味。可以把好的句子背下来，作为写作的素材。时间长了会积累下一大笔财富。我们普通人没有照相机般的记忆力，故边读边记可以弥补我们记忆的不足。

（2）知识点。也可以把文章中提到的自己一直困惑的地方记下来。因为我们不知道下一篇文章中我们会遇到什么新知识，所以外语教师首先要做一个杂家，广泛阅读，广泛积累，以应对知识爆炸的冲击。学生在阅读时也要把知识点记下来，积累多了，会非常有利于自己知识体系的构建。

（3）自己感兴趣的其他地方。我们在阅读一篇文章时会有方方面面的收获。我们可以

随手记下我们感兴趣的各个方面。学生的兴趣不同，他们归纳总结的重点就会不同。广泛阅读，及时积累并记录，会使他们成为不同领域的行家。例如，在阅读议论文时，学生应该结合其篇章内在的语言结构特性，归纳并总结其语言基本材料的特点。以后可以通过传统的词汇、语法练习，学习并巩固议论文中的有关重要词语和句法结构，归纳、总结有效处理和识别这些结构的技巧。英语议论文中的概念往往复杂，或具有隐含的或抽象的意义，而有些句子在结构上会表现出极其复杂的特点。学生适当地进行归纳和总结，有利于他们理解类似的句式结构。

读者如何写英文读后感？

英文读后感包括两大部分。第一部分是对所阅读材料的概括总结。要求用词精练，高度凝缩，把主要情节讲述明白，突出重点。即使原著洋洋洒洒几十万字，一般来说，也要把读后感的字数控制在一两百字即可。注意时态问题，通常采用一般过去时和第三人称的形式。千万不要抄袭原文，而要用自己的话进行总结和概括。第二部分是读后感的重点部分，要写出对原文的评价。需要选取原文中的一个点，有感而发，写出自己的观点、态度和评价。书写读后感时要把读书和现实联系起来，所以书写读后感是培养读者批判性思维和创新的过程，是一种比较费时间但是收获丰富的学习方法。

（三）讨论

读完一篇文章后和好朋友讨论一下文章的内容是一种互相促进的方法。电视剧《恰同学少年》中，年轻学生讨论文章，互相启迪，是一种非常好的方法。只有读而后思，才能读出味道，读出道理。学生私下里讨论和上课讨论是完全不同的。私下的讨论更加开放，思想信马由缰，想到哪里，就说到哪里。年轻人总能碰出思想的火花。这种讨论知道从哪里开始，但是不知道会在哪里结束。即使这样的讨论，也可以把阅读材料和现实生活联系起来，有利于知识的内化。读书最终是要用的，如果不用，我们读那么多的书的价值在哪里呢？

（四）反复阅读同一个语篇

反复阅读是文学批评家经常使用的一个技巧。他们通过对某部作品的重读，发现全新的解读，赋予该语篇某种完全不同于前人的意义与价值。这个过程可以是世世代代接续传递的过程。这可从《红楼梦》、莎士比亚戏剧等中窥见一斑。世世代代对这些作品不断重读，不断重新解读，也不断发现新的思想。例如，一部《红楼梦》成就了一个学科——红学。这门学问已经持续了一个多世纪，还将继续下去。《红楼梦》常读常新，被赋予不同的时代精神。重读成为一种创造活动、再评价行为，从而使某些作品重现光芒。虽然我们在重读中也许达不到批评家的高度，但是反复阅读同一个语篇有利于对该语篇的深入理解，能够品味出该作品的味道，抓住其中的优美、生动、传神的词汇和句子，提高语言的表达能力和表达技巧。反复阅读可以读出重点，读出情感，发现问题，有所感悟。理解性地、欣赏性地读，能提高阅读者发现、分析和解决问题的能力。反复阅读会使读者发现问题，领悟问题，达到学习的升华。中国古代就有“好书不厌百回读，熟读深思子自知”的说法，是对反复阅读益处的高度概括。

因为读者在英语词汇、语法、句型、谋篇布局等方面知识的欠缺，很难一次就把英语文章读出味道，特别需要反复阅读。在初次阅读时，学生多是读得磕磕绊绊，似懂非懂，但是在读第二遍、第三遍，甚至更多遍后阅读速度就上去了，也能体会作者用词的好处了。当我们反复阅读同一个优秀语篇时，语篇中就会出现新奇的东西，每读一次都会有新的内容出现。我们每重读一次书，书都在变化，词语的含义也都在变化，我们对书的理解程度也在变化。重读除了加深读者理解外，实验证明，反复阅读同一个语篇还有利于词汇习得和词汇记忆，促进写作能力的发展。

第三章　英语阅读教学模式改革与创新

第一节　任务型教学模式

一、任务型教学模式理论概述

（一）任务型教学模式的基本模式

任务型教学的基本模式包括前任务阶段、任务环阶段以及语言焦点阶段。其中，前任务阶段就是任务前阶段的另一表述，这一阶段作为起始阶段，主要给学习者提供对其有益的语言输入，通过一些有益内容的输入来帮助他们熟悉将要展开的话题并帮他们对新词以及短语等进行有效识别。该阶段的目的主要是使主题内容更加鲜明、突出，同时激活相关的背景知识。

任务环阶段是任务中阶段的另一种表述，该阶段主要包括“任务—计划—报告”这几大环节。在此阶段，学生结对并以小组为单位来完成任务，学生在进行具体交谈的过程中可以畅所欲言，他们的语言使用也是自然发生的。计划阶段是为汇报做准备的，此阶段从对语言流畅性的关注逐渐过渡到对语言准确性的关注上。在汇报阶段，学生可以使用正式、严谨的语言向全班的学生进行简要汇报。

语言焦点阶段是指任务后阶段。语言焦点阶段是在历经了任务环阶段之后，学生对语言已经有了整体的接触。语言焦点阶段又可进一步分为分析和练习这两个小阶段。在分析阶段，对学习者提出了具体要求，即应通过观察分析对其中的规则进行概括和归纳。在练习阶段，教师应适当地对练习进行控制，主要是为了起到一定的总结作用。

在上述三个阶段中，任务环阶段是任务型课堂的必要阶段，而任务的实现、任务的准备以及任务的反思都应围绕任务环阶段逐步展开。

（二）任务型教学模式的优势与局限

1. 任务型教学模式的优势

任务型教学模式重视学生在语言学习过程中的具体交际过程，并将任务作为活动单位，课堂教学主要由诸多连贯的任务构成。此外，任务型教学模式还强调学生间和师生间的互动，并试图创建一个自然、真实的语言情境，让学生在完成每个具体任务的过程中，借助有意义的协商、交流、做事等来运用语言，从而使学生的语言综合能力得到很好的发展。这一教学模式的优势主要体现在以下几个方面。

任务型教学模式目标具体、明确，和一般的课堂操练存在着很大的不同。这一教学模式不仅重视培养学生自主完成任务的策略、能力等，同时也关注学生在具体任务完成过程中的参与程度以及在具体的交际活动中所获得的情感体验。因此，运用这种教学模式进行语言教学能让学生在各种各样的任务形式如小组活动、结对活动等中相互合作，同时实现资源的共享，学生在做中学、学中用，不仅有利于学生开展充分的自主实践活动，而且对激发学生的学习动机也非常有益。学生在完成具体任务的过程中还可以非常明显地感觉到自己的价值。当然，一些学生还能通过亲身实践认识自己的不足之处，很好地激发了他们自我完善的愿望，并唤醒其持续学习和成长的内在动力。

任务型教学模式以学生为中心，教师仅作为组织者、帮手、引导者等角色参与教学，在这一模式下的英语教学中，学生有更多的参与合作学习的机会。学生在参与多元化学习活动的过程中不仅掌握了一些基础的英语知识，同时也获得了更多用于实践和交流的机会。相应地，学生的积极性能被充分调动。

任务型教学模式在课堂之前就将任务交给了学生，学生为了更好地完成任务，就会围绕具体任务主动进行信息的收集归纳和整理，进而使任务中的问题得以有效解决。在这一教学模式中，学生不可能简单地运用一项语言、一项技能，而通常是运用多项技能和语言知识。

在任务型教学模式中，所有参与的学生都扮演着相应的角色，并承担着一定的责任。在具体的小组活动中，运用所学语言同其他学生沟通、交流和分享，并在这一过程中慢慢地学会了怎样与人相处，无形中也培养了学生的团队合作精神和运用交际策略的能力。

总的来说，这一教学模式对培养学生的语言综合运用能力还是非常有帮助的。

2. 任务型教学模式的局限

上面分析了任务型教学模式的一些优势，尽管该教学模式是语言教学中一种行之有效的教学模式，并且被认为与语言习得的规律相符，但是这一模式久经尝试，在具体运用中其局限也在不同层面上呈现了出来。

从教师层面来看，这一教学模式对英语教师所提出的要求相对比较高，要求教师应有扎实的专业基本功，同时应对任务型教学模式有充分的理解和掌握，并能够在深谙该教学理论的基础上具备比较强的任务设计的能力、比较好的掌控课堂和随机应变的能力、组织多种多样的课堂活动的能力、教学反思能力、善于运用现代教育技术的能力以及与之相关的对任务进行评价的能力等。

但是，这一教学模式引入我国的时间比较短，并且英语在我国是长期作为一门外语进行学习的，二语教学与外语教学是两种完全不同的语言教学模式。对于一些已经习惯于传统英语教学的教师来说，要想很有效地开展任务型教学模式还是存在着诸多困难的。此外，就国内来看，与任务型外语教学相关的培训也比较少，这些客观上的不利因素就使一些教师要想对任务型教学模式有更系统的认识难上加难。如果一些传统的英语教师对这一教学模式不甚理解，很可能会在教学中流于形式，旧瓶装新酒。

从学生层面来看，很多早已习惯于传统英语教学模式的学生通常会对教师的依赖性比较强，并且更加倾向于被动接受学习的模式。如果这一教学模式在运用的过程中没能很好地了解学生的接受状况，很可能会出现学生不配合的情况，学生如果不愿意主动地加入小组合作和学习中，在任务完成的过程中就很难形成师生间、生生间互动的状态，这样就很容易产生教学和学习效果费时、低效的情况。

从考试和评价制度层面来看，目前的主导思想依然是将学习重心放在题目操练和应付各类考试上，这样就无形中使学生没有形成相应的主动培养自身英语交际和综合运用能力的意识。但是，任务型教学模式的理念却与之相反，该教学模式需要学生在活动中完成每项任务，学生的精力和心思如果不在这一方面，很容易产生积极性差和参与意识不高的局面。

二、英语阅读任务型教学模式研究

（一）英语阅读任务型教学模式的教学目标

英语阅读的教学目标是培养学生的阅读理解能力与学生的英语素质，教师是指导者和督促者的角色，负责在任务型教学中逐步活跃课堂氛围，推进学生阅读的进程，增强师生间和生生间的活动和互助，让学生在阅读过程中，能够保持进取的状态，高效完成英语阅读的教学目标。

首先，任务型阅读教学选择的目标是从学生的生活中获取的，让他们接触更新的文献阅读，始终让学生保持语言学习的新鲜感，使学生在紧张的学习压力环境中乐于主动探索，主动结合实际，树立个人学习习惯和思维能力，产生良好的阅读情感，愿意并积极投入英语任务型阅读当中。其次，教师要以促进者、答疑者和向导的角色进入阅读教学中，控制课堂气氛，既不能死气沉沉，“各自为政”，也不能一片混乱，无组织和纪律可言，以灵活多样的方式开展教学任务。最后，教师要从各个方面来使学生的学习环境更加开放，使学生能够灵活地接受并且满足更多学生多样化的发展需要。给学生提供从多方面获取语言信息的渠道，并将自己所学的语言知识应用到阅读实践中。

（二）任务型教学模式在英语阅读教学中的实施步骤

1. 任务前阶段

激发学生的阅读兴趣应为本阶段设计的首要原则。教师应适当讲一些与本课有关的背景知识，如语法结构、文章主旨以及课文的相关资料。在阅读过程中，太多的语言障碍往往会影响学生对文章的理解，甚至对阅读失去兴趣。因此，教师可以先解释一些较难的句子和词语，但不应该对全部的生词、难句进行解释，应培养学生通过一些阅读技巧来猜测词义。另外，教师应使学生明确阅读目的，提高阅读效率。换言之，在英语教学中，要做好学生阅读前的准备。可以通过猜测的方法导入英语教学。如果总是让学生对课文的单词进行预习并且重复阅读，不仅乏味而且耗时。可以把新单词写在黑板上面，让学生进行阅读并给出自我理解，最后教师进行正确解释，或者可以制作纸条写上英文单词或者中文解释，让拿到纸条的学生找出正确的对应项；也可以通过图片让学生猜测文章的内容，让学生对接下来的阅读有一个大致了解，提高学生的学习兴趣和注意力。利用文章标题让学生对文章内容和背景知识进行猜测也可以提高教学的生动性；教师也可以在教学前针对所学内容设计一些问题，这些问题要与学生们的亲身经历密切相关，这样一来学生会感觉学习的内容是与自己有关的，而不仅是学习任务，这样就让学生们有话题可以聊，在进行思考的同时主动去学习。

简而言之，任务前阶段的工作主要是布置任务。教师根据不同的课文设计出形式多样的任务，提出完成任务的方式及所要达到的目标。在这一阶段中，教师可完成以下教学任务：一是创设任务情境。教师可以谈话、游戏、故事、音乐等方式设置悬念，充分激发学生的学习兴趣。二是介绍阅读材料的背景知识。背景知识又称非直观信息，它储存于学生的长时记忆中，是影响学生阅读分析和理解的一个重要因素，适当介绍背景知识，可以帮助学生扫除障碍，对将要阅读的材料内容做出一定的预测。三是扫除语言障碍。语言障碍包括生词的语音、语法、词汇和句子等。教师可对部分障碍做出解释，但是要控制好生词释义的量。有些生词的词义可让学生通过上下文进行猜测。

2. 任务阶段

这一阶段的任务在于提高学生的阅读技巧，教师不仅要帮助学生对文章的整体框架和大意有初步的了解，而且还应该让学生了解作者的写作目的。教师可以设计几个小的任务链，让学生运用以下步骤去独立完成任务。快速浏览全文：让学生快速浏览文章，了解文章基本结构及大意，找出中心词及中心句，抓住作者写作意图。跳读：教师可根据文章的具体信息提前设计相关问题以引导学生有目的、有重点地快速浏览文章，使其能快速地回答目标问题。细读全文：教师应引导学生带着目的仔细阅读文章，去获取全文及每段中的一些细节，了解每段大意及段落之间的相互关系。

阅读的中心环节就是阅读过程，阅读过程在很大程度上影响学生的阅读质量。英语阅读不是念经书，不能敷衍了事，对于一些英语能力不足或者兴趣不高的同学而言，这或许就是折磨。所以可以尝试快速阅读，通过把握一些中心句子了解文章内容和主旨，这样不仅快速而且实用。

此阶段中，教师根据阅读课文所提供的素材来设计任务。如叙事类课文，学生可通过小组合作把故事改编成短剧，然后进行表演；论述性课文可让学生总结出作者的观点，讨论其合理性并与自己的观点相对比，然后根据所持的不同观点进行辩论；描写类课文可让学生以小组为单位，一起合作把景物画出来，然后每组派一个成员结合图画把课文复述出来。在实施任务的过程中，教师的主要作用是监控学生的任务执行情况，如监控是否每个学生都有发言的机会，学生的发音是否正确、用词是否得体等，并把出现的问题记录下来。

3. 任务后阶段

在下课前，教师应该用简短的话语对课堂教学做一个总结，或者引导学生总结在课上所学到的内容。同时，教师可以布置相关作业，例如，让学生改写课文、缩写、采访、报道，做相关的完形填空或阅读理解等练习。另外，教师可以让学生完成一些交际任务，引导学生通过讨论表达个人的观点。在学生完成任务后，教师应对其做出评价，发现问题或提出相应建议，评价要具有激励性。

阅读完成后也是需要重视的，它是对课堂学习的延伸。在对文章理解后能拓宽思维，使学生的学习从维持性学习向自由创新性学习改变，从接受性学习向研究性学习过渡。在阅读结束后，教师可以根据文章内容，结合实际安排任务活动，也可以引导学生进行思维扩散。在这一环节中，教师不能仅局限于本单元内容的学习，而应把前几单元或者以往学习的相似知识联系起来，寻找到其中的规律，这样学生对于所学内容就更加清晰明了，对于日后课本的复习也会更清晰深刻。

任务型教学模式具有较强的操作性、实践性和启发性，为学习者提供了更多师生、生生互动的机会，能充分挖掘语言潜力和思维的创造力。对于阅读教学来说，该教学模式能使学生明确学习目标，积极参与课堂活动，并促进合作意识与主观能动性的培养，能在实践中提高语言运用能力。

第二节　情境教学模式

一、情境教学模式概述

（一）情境教学模式的内涵

情境教学模式在1950年被首次提出，也称为视听教学法，是指在教学过程中，教师根据教学内容引入或创设具有一定情绪色彩、生动具体的场景，以引起学生的表达兴趣，从而培养学生用英语理解和表达的能力。

情境教学模式主要借助多媒体，使用图片、实物、故事、音乐、身体语言等媒介结合课程内容创设教学情境，能较好地启发学生的形象思维，帮助学生理解、掌握具体的知识技能，以达到表达行为与情感的一致。因其更加侧重听力及口语表达的训练，其区别于其他教学法的特点之一是在教学课堂上不能出现本土语言。情境教学模式在口语教学中有着以下优势：一是能让学生在真实情境中达到从形象感知到抽象理性的顿悟；二是能激发学生的学习兴趣与热情，使学习成为自觉、主动的活动，使学生敢于表达。

（二）情境教学模式创设的原则

1. 意识与无意识统一原则和智力与非智力统一原则

这是实现情境教学的两个基本条件。无意识调节和补充有意识，情感因素调节和补充理智因素。人的这种认知规律要求在教学中既要考虑如何使学生集中思维，培养其刻苦和钻研精神，又要考虑如何利用其情感、兴趣、愿望、动机、无意识潜能等对智力活动的促进作用。教师在鼓励学生要刻苦努力时，很可能已经无意识地暗示了学生：你能力不行，所以要努力。这样就无形中增加了他们的畏难情绪。如果能意识到这一点，就会把学生视作理智与情感同时活动的个体，就会想方设法地去调动学生身心各方面的潜能。无意识与意识统一，智力与非智力统一，其实就是一种精神的集中与轻松并存的状态。这时，人的联想在自由驰骋，情绪在随意起伏，感知在暗暗积聚，技能在与时俱增。这正是情境教学要追求的效果。

2. 愉悦轻松体验性原则

该原则根据认知活动带有体验性和人的行为效率与心理激奋水平有关而提出。该原则要求教师在轻松愉快的情境或气氛中引导学生产生各种问题意识，展开自己的思维和想象，寻求答案，分辨正误，这一原则指导下的教学，思维的“过程”同“结果”一样重要，目的在于使学生把思考和发现视为一种快乐，而不是一种强迫或负担。

3. 师生互信互重下的自主性原则

该原则强调两个方面：一是良好的师生关系；二是学生在教育教学中的主体地位：良好的师生关系是情境教学的基本保证。教学本是一种特定情境中的人际交往，情境教学更强调这一点。只有师生间相互信任和相互尊重，教师对学生真正做到晓之以理，学生也充分了解教师，彼此才能形成一种默契。而学生在教学中的主体地位决定了自主性侧重于教师鼓励学生“独立思考”和“自我评价”，培养学生的主动精神和创新精神。这一原则要求教师在情境教学中要从学生的实际出发，使学生在完成学业的同时得到如何做人的体验。它意味着一切教学活动都必须建立在学生积极、主动和快乐的基础上。

二、情境教学模式在英语阅读教学中的应用

（一）情境模式在英语阅读教学中的实践探索

要在英语课堂教学中有效地实施情境模式，把学生的被动学习变为主动学习，必须在教学的各个不同阶段，针对不同的教学对象，采用不同的教学方法，才能收到预期的效果。根据情境模式的教学原则，“让学生在情境模拟中进行英语实践，学生通过亲自参加多样化的情境模拟实践，学会和提高语言的交际能力”。然而采用何种方法让学生参加情境模拟活动，这就需要教师灵活掌握了。

1. 课前 5 分钟演讲情境创设

组织课前 5 分钟演讲的教师不应该采取统一的模式，要针对不同层次的学生，采用不同的方式。针对大一新生，可安排学习成绩好、发音准确的学生，让他们在课前准备好，

模拟内容可自选，如天气预报，新闻摘要，学习生活，祖国家乡等。由于材料内容熟悉，加之可以自己动手设计演讲情境，这样可消除学生上讲台时的紧张心理，对于学习较差的学生，教师需要在课下进行个别辅导，先听一遍，纠正不正确的发音，并鼓励学生要充满信心。在模拟演讲时，还可事先把部分生词写在黑板上，这样不仅可提示演讲者，而且还可以帮助全班同学理解演讲的内容。演讲结束后，可由演讲者就所听的内容向同学们提出问题，或反过来由同学们向演讲者提出问题，也可以由教师对演讲者所讲的内容进行点评。逐渐地，学生的紧张心理消除了，会话能力也就越来越强。语言的学习来源于生活，而学习结果也必然应用在生活中，但是英语阅读教学缺乏相应的生活语言环境，所以教师需要为学生创设这种环境，使英语阅读学习成为日常生活的一部分，只有这样，学生的自主阅读才能够充分开展起来。英语教师本身可以成为生活环境的代言人，平时路遇学生，使用英语打招呼和交流。在阅读课开始前，用英语讲述今日发生的小故事；在教室内张贴英语名言；在黑板报上写下英语短故事等。这些生活环境创设方法都能够为英语阅读教学提供真实有效的情境，使学生的学习情绪始终处于英语语言的环境中，久而久之，英语阅读成为生活中的一种习惯，学生的自学主动性也会因此提升。换言之，教学来源于生活而高于生活。学生们有着自己的经历、情感和思想，并且在教学活动中，学生或多或少地将自己的这一生活体验带入课堂教学活动中。因此，教师在进行情境创设时，要立足生活，创设生活情境。在学生现有的知识储备和生活经验的基础上，创设一个适宜的生活情境，进而引导学生在原有知识层面上增长新的知识和生活经验。在英语阅读教学中，教师要将英语阅读的内容与现实生活合理地结合，让学生借助已有的生活经验来探索未知领域，激发学生的学习兴趣，能有效地拓展英语阅读的教学和学习渠道，培养学生的想象力、创造力和思维能力，有利于教学效率和学习效果的同时提升。换言之，鲜活的情境作为情境教学的核心，要求教师应用情境教学法。进行英语阅读教学时必须为学生创造良好的教学环境，营造良好的学习氛围，避免英语阅读学习的枯燥性，调动学生英语阅读学习的积极性、主动性，从而提高学生的学习效率，提高教师的教学质量，完成教学目标。

2. 课文情境模拟再现

在反复阅读并理解课文后，教师可将学生分成小组。根据课文内容的难易程度，让学生进行课文情境模拟再现，模仿课文内容结合实际，用自己的语言表达。这不仅可以锻炼学生的文字组织能力和对文章的理解力，而且还可以锻炼学生的表达能力。

情境教学法应用于英语课堂的另一种模式是为课堂营造一种愉快、轻松的学习气氛，使阅读不再是英语教学中的难点，而是学习过程中的乐趣所在。一旦学生接受并且愿意在这种气氛中进行学习，学生的学习心理就会产生根本性的转变，他们在阅读学习中能够花费比较少的精力，而获得较大的收获。能够为英语阅读教学营造轻松氛围的方法是游戏教学方法。教师在课堂上可以让学生们进行英语接龙游戏，英语话剧表演等，通过这样有趣的小活动，激发学生们学习的积极性和热情，在课堂中，积极踊跃地参与到教师安排的课堂活动中，主动地展示自我，给自己创造展示的机会，既能锻炼英语口语能力，又能提升自我素质，培养自信心。如在教学中应用一个小游戏“词块接龙”，请一名同学在阅读理解文章中找到一个陌生的单词，说出它的解释和包含的词块，同排的第二个同学找出另一个单词，使其务必与上一个单词包含同样的词块。哪一排的学生能够找出同样词块的单词最多为胜出。这个游戏不仅能够使学生迅速理解阅读内容中的陌生词汇，还能够始终保持对阅读学习的兴趣，并且也获得了一种新的处理阅读理解中陌生词汇的方法。在英语练习题中，很多题目源自我们的生活，贴近我们的实际，为避免学生英语阅读学习的枯燥性，教师可以充分利用英语练习题贴近实际的特点，提前规划设计，模拟英语阅读练习题中展现出来的情境，让学生结组进行表演，通过表演，将其演绎出来。在表演的过程中，学生作为课堂的主体，会积极参与到英语学习中。教师在演绎过程中引导、帮助学生，起到一个辅助的作用。通过这种方式，学生不仅有了英语阅读学习的积极性、主动性，还增加了课堂的趣味性，增加了师生之间的交流，让学生一边玩一边学。相比传统的教学方式，情境教学法可以明显地提高学生学习质量，改善课堂效果。

3. 户外情境模式

我们在进行英语教学的过程中，也可以尝试着走出课堂并且放下教材，去体验一下户外生活，利用自然环境的刺激去让学生感受和体会，运用所学的英语知识在无意识的情况下进行真实情境模拟。例如，可以带学生走出教学楼去校园里，根据校园里随机发生的事情，利用户外的景物和工具，要求同学们进行英文模拟，这样模拟的英语知识由抽象变形象。

4. 组织竞赛活动

为了使英语教学真正成为师生间的、同学间的语言双边活动，让全班每个同学都能得到并且拥有情境模拟的机会，教师可将全班同学分成若干小组，每个小组由 5~8 人组成，各个小组可根据每组成员的学习状况和男女生人数划分。教师可在上课前将模拟的阅读内容分别写在事先准备好的小纸条上，然后让各组代表抽签，再给 3~5 分钟或更长的讨论时间。讨论结束后，各组选派代表到讲台前按纸条上的内容进行模拟。这种模拟在小组内就必须轮流进行，使每个学生都有实践的机会。这种分组讨论的方式可促进学生之间的互相帮助，取长补短，还可以为口语好的学生提供施展才华的天地，为口语差的学生提供锻炼的机会。对于答得好的组，教师可在黑板或白板上画一张笑脸，对于答得差的组，教师可画一张苦脸。这种方法可使课堂上出现组与组之间的竞赛活动。这不仅可以锻炼学生的口语，而且还可以增强学生的集体荣誉感。这种分组讨论并派代表演讲的方式可在大二学生中进行。

5. 利用诗歌，导入情境，启发思维

在英语授课过程中，难免会遇到一些不愿主动思考或思维堵塞的学生。对于这类学生，单纯地提问讨论只会令其反感或者使课堂冷场，最终影响教学效果。情境教学能否收到良好效果，教师如何去引导学生参与课堂活动并积极思考是关键。因此，在面对这类学生时，教师在提问前，经常会利用多媒体给学生分享关于阅读文本主题的英文诗歌。学生在朗读后，自然地被诗人的描述带入特定的情境中，再结合自身的社会经验进行思维和语言组织，即可圆满地回答出教师的问题。通过诗歌欣赏，学生被成功带入文章情境，同时也启发了思维，增强了文学鉴赏的美感。

6. 利用游戏情境，回顾阅读内容

针对英语阅读教学，仅采用一般的单词游戏明显不够，在进行课文内容结构分析时可适当引入抢答环节，要求学生根据教师的提问，回答与阅读内容相关的一系列问题。这一游戏不仅能使学生巩固所学内容，更作为一种教学检测手段，方便教师及时了解和评估学生阅读内容的掌握情况。

7. 利用分组讨论情境，发挥学生主体作用

分组有两种形式：一种为分大组，另一种为分小组（一般 4~5 人）。大组主要用于分角色朗读或者大型游戏；小组主要适用于讨论或解决问题类教学环节。规定小组讨论和发言时只能用英语，这样能有效帮助学生在一定压力下操练英语口语并在学习过程中创设英语语言环境。英语阅读课文相对较长，在将学生分成 4~5 人一组的前提下，教师可给每个小组分配课文中任意一自然段作为分析任务，要求学生通过小组讨论，解析段落重点、难点句子，总结各段大意等。

（二）情境模式在英语阅读教学中的实践重点

1. 对教师的要求

情境教学法以现代心理学所揭示的人的心理活动规律为基础，重视学生的情绪情感生活，既突破了以往唯智主义的框框，又吸取了传统教学方法的优点，集直观性、启发性、形象性、情感性于一体，代表了现代英语教学的方向，有助于学生实际运用英语和交际能

力的培养。在商务英语教学中，采用情境教学模式必须从学生的实际水平和学生的特点出发，不能偏离教学目的和教学内容。情境教学必须结合实际，由浅入深，由易到难，从单项到综合，情境教学要符合语言交际的实际，创设情境要新颖，这样才能激发学生的兴趣，意识到学习过程和学习本身是非常有意义的事情。

情境设计应合理，切合学生的实际。在创设具体的情境时，一定要考虑到学生现有知识水平、学生的生活经验，不要超出学生的实际，过分追求情境。合理巧妙的情境设置，可以让学生置身于真实的环境中去感受谈判相关的知识点，提高自身的能力。但学生毕竟并未真正涉足社会，情境设置要贴近生活，但又要能让学生接受，所以在设置中，可以由易到难，由简单到复杂。也可通过让学生开展大量的调研，积累一定资料后，再通过案例教学里类似的情境来设置。

情境创设要结合语料内容，符合语言交际习惯。情境创设一定要紧扣教材，难易要适中，长短要恰当，生词量要少，做到不脱节、不扯远，通过情境教学达到复习旧知识，教授新知识的目的。同时，情境创设要有助于交际双方相互理解和表达思想，激发交流信息的愿望和爱好。这要求教师在轻松愉快的情境中引导学生产生问题意识，展开自己的思维和想象，寻求答案，分辨正误。

情境模拟要体现科学性、完整性。所有的情境设置都是为了让阅读更加有针对性和有效性，以理论丰富实践知识。因此，前期的准备工作要尽量做到详尽，明确课程的目的、要求、内容和操作步骤。教师针对所授内容，设计场景及角色，并对全程实施监控。在学生演示的过程中，不断提醒，告知内涵，保证良好的教学效果不被偶尔的偏离打扰，引导学生向教学目标方向前进，使学生有章可循，有规可依，有效地达到情境模拟教学的目的。情境模拟结束后，教师要及时总结，鼓励学生参与评价，有条件的可以用影像记录，作为参评和总结的依据。

情境创设要新奇而富于启发。创设情境要在教学内容（学习语料）基础上挖掘创新点。情境创设可以有真有假，有虚有实，但情境必须来自生活，从既熟悉又有新意的角度，激发学生的探究心理，只有引起学生的注重和探索愿望时，才能发挥情境对教学的最大作用。否则，学生对创设的情境无动于衷、习以为常，则很难达到预期的目的。

利用网络教学手段，汇集多种资源，创设教学情境。多媒体网络教学是一种真正以学生为主体、尊重学生需要、强调学生自主性学习的辅助式教学模式。在商务英语阅读课中，教师课前布置好阅读任务和相关导入性问题，并向学生推荐有关网站，学生可从网站搜索和下载相关背景资料，教师也可将重要资料（如背景资料、教师讲义或课后练习等）存在服务器上，供学生自由调用。课堂上，教师创建多媒体情境，通过网络系统呈现音频、视频、图像、文字、动画等多媒体，展示真实商务情境，辅助学生的阅读理解，相关的网站链接还能帮助学生直观地了解不同的商业和社会文化。对于较复杂的商务知识，教师课前制作好多媒体课件，将复杂的流程内容简易图示化。多媒体技术能充分考虑到学生认知能力的差异，对学习内容实行控制，引导不同的学习者进行个性化学习。课文中需要重点掌握的词汇、语法、难点分析、翻译等均以知识点的形式做成超级链接，供学生自主学习。此外，多媒体最大限度地提供了各种交互功能，它可为知识建构创设一个广泛的学习共同体并提供丰富的资源。教师可利用论坛形式，让学生进入交互性的协作学习，自发地讨论对文章的理解和不同看法，教师适当地给予帮助，并对整个讨论过程进行评价。多媒体技术使课堂教学情境化，改变了传统阅读课的教学模式，使学生思维活跃，激发了学生的学习热情；多种资源支持学习，最大限度地为学生创设了一个主动建构知识、解决实际问题的认知环境。

2. 对学生的要求

学生需要直面挫折。很多学生因为不敢面对可能的挫折，一开始时不愿意参与。而当在设置的情境中模拟进行的谈判失败或受挫之后，这类学生很容易失去继续参与下去的信心和动力，因此，教师须特别关注这类学生的情绪波动，帮助他们直面挫折，同时，可以通过这类挫折教育，提高学生将来进入社会之后可能碰到种种挫折的免疫能力。

学生需要正视问题。很多学生缺乏实际和社会打交道的经验，看待问题常出现理想化或片面化的现象，教师则有责任引导学生正确看待问题，不回避、不偏激、不片面地看待问题。

学生需要勇于尝试。情境教学法实施中最大的障碍是很多学生不太愿意或不太自信参与到所创设的情境中。可能是对所创设的情境不熟悉、怯场或自信心不足，教师和其他同学则需要帮助他（她）克服心理障碍，尽快熟悉角色，勇于做新的尝试。而只有勇于尝试，在碰到问题和困难时，才会有自己尝试解决的信心和动力，才能实现锻炼学生实践能力的目的。

学生需要乐于创新。学生在情境教学法中，既是编剧又是演员。应鼓励学生根据自己对社会的了解，创设情境，更好地发挥主观能动性和创新能力，只有这样，才能更有效地提高学生的参与积极性和学习实践的有效性。

学生在正确处理好上述几方面问题的基础上，还需具备较好的沟通能力。无论是在谈判的准备过程中，还是在谈判过程中以及谈判后，沟通是这一切正常进行的纽带。谈判，不是一个人和另一个人的单独对决，而是集体智慧的结晶。情境教学法是以建构主义理论为基础的一种教学策略，体现了以学生为中心的思想，注重学生学习能力的提高，并有效地激发了学生的学习兴趣，同时真实情境，使学生不再只是置身于理想状态之中，而是要考虑到真实情境的复杂性，这样，也促进了学生语言实际应用能力的提高，为学生更好地适应今后的工作环境打下了良好的基础。情境模式的实施有助于学生对课文中心思想的理解和新的语言知识的获得，有助于调动学生的学习积极性和增强他们的跨文化交际意识。实践证明，在原本枯燥的英语阅读教学中实行情景教学模式是很有必要的。

第三节　支架教学模式

一、支架教学模式概述

（一）支架教学模式的概念及其解释

关于支架教学模式的概念，有学者把它界定为“学习者在别人的帮助下，实现了解答问题、完成任务的过程，或在别人提供的支持下，学习者实现了在没有他人帮助的情况下无法实现的目标的过程”。另外，欧共体“远距离教育与项目”的文件中把它界定为：“支架式教学为学习者在理解和建构知识的过程中提供了概念框架，而这是学习者在进一步理解知识过程中所必需的。”也就是说，必须先将复杂的学习任务加以分解，然后由浅入深地引导学习者理解知识。

其实，这里的“支架”是一种暗喻。支架原指建筑行业中的脚手架，而脚手架在建筑房子的过程中起着支持、建设的作用。在“支架式教学”这个概念中，学生可以被看成不断建设着的大楼，而教师的“教”则起到搭建脚手架的作用，学生这座不断起高的大楼正是在教师脚手架的支持下拔地而起的，最终使学生实现了对知识不断建构、不断稳固的过程。

具体来说，在日常的学习过程中，学习者经常会接触到难度相当大的问题或任务，而这与学习者自身解决问题或任务的能力有着很大的差距，而这种差距使得学习者在自身建构知识方面面临着困难，也就是说学习者凭借自身能力很难或无法解决这类问题。这时，如果教师或其他有能力的人为学习者在这个过程中提供必要的帮助或支持，但又不直接为他们提供结果，从而使得他们自己利用已有的知识来理解、内化并建构新的知识，使其原有的水平上升到另一高度，那么，这种“帮助或支持”就是为学习者所提供的“支架”。

（二）支架式教学的优势

1. 实现了“学生中心”的现代教育理念

目前教学思想强调教师和学生之间的互动。支架式教学充分肯定了学生中心的地位，教师将成为学生学习的引导者，而不再像传统的课堂那样，教师占据主要角色，学生只是知识被动的吸收者，这样极大地避免了“一言堂”“满堂灌”的教育现象的发生。具体来说，在阅读课堂中，通过教师提供的阅读技巧或阅读方法，学生能主动地对其进行独立思考，或积极地与老师、同学就其应用进行讨论，然后，独自将所获得的阅读技能应用到实践当中。整个课堂形成了师生之间、学生之间良性的互动。此时，课堂的主角已由教师转向了学生，整个课堂实现了“多主体”的良性对话。

以学生为中心的支架式教学并不意味着教师在课堂中地位的下降。相反，教师所要起到的作用将会更加多元化。具体说来，教师应该成为课堂中学生学习的“引导者”、课堂气氛的“调节者”、课堂管理的“领导者”、课堂讨论的“组织者、参与者”等身份。因此，教师必须比以往更加熟悉教材和教学背景知识，在设计课堂讨论时，教师还要充分考虑学生的水平、兴趣、性格等诸多相关因素。此外，在学生讨论偏离主题时，教师要适时地调整方向，对那些缺乏自信或天生腼腆的学生要多加鼓励。总之，支架式教学模式对教师提出了更高的要求。

2. 充分挖掘学生的学习潜能

学习动机理论认为，学生只有通过内部动机（因对学习自身的兴趣而引发的学习动机），才能在学习活动中得到满足，才会积极地参与课堂教学，才会对未知知识充满好奇，才会乐于挑战难题，从而才会使得其学习潜能充分发挥出来。支架式教学充分地认识到了这一点，十分清楚地把发现和提升学生的潜能作为教学任务的一大目标。因此，作为课堂指导者的教师要善于洞察学生的学习状态，并且，要提高自身的教育教学素养，努力调动学生学习的积极性，因为知识是由学习者主动建构的，而不是被动吸收的。因此，只有充分挖掘学生的潜能，才能使学生主动对知识进行理解和建构。

3. 促进了教学效率的提升

支架式教学由于充分注重“教学以学生为本，课堂以学生为中心”，所以，教师会更加注重学生在课堂上学到了哪些知识，如何让学生掌握知识，而不是关注如何尽快地完成自己的教学任务。教师会采用更加新颖的教学方法，一改往日直接切入主题而忽略学生对于接受新知识的心理准备。比如，教师会在上课前让学生听一段与教学相关的音乐或欣赏一段影片，从而在上课开始的时候，让学生充满热情地做好接受新知识的准备，提高了教学效果。再如，在传统教学中，教师高高在上，教师的发言贯穿课堂始末，学生根本没有机会来展示自己。课堂气氛自然死板，学生学习也就毫无热情，因此，在上课过程中常会发生学生神情呆滞、“左耳进、右耳出”等情况。教师在此情况下，只得通过提高音量的办法来吸引学生的注意，结果学生学得累，教师教得也很累。而在支架式教学中，由于有着相对宽松活泼的课堂气氛，教师时常通过创设教学情境，开展师生、学生对话的形式，紧扣教学主题，使得教师教得轻松，学生学得愉快，这样，教学效率必然会有所提高。

二、支架教学模式在英语阅读教学中的应用

（一）英语阅读支架教学模式的必要性

学校课堂中之所以会出现学生“费时多却收效微”的局面，部分原因归咎于有相当一部分教师还停留在以讲解词汇和语法为主线的传统阅读教学模式。这种教学模式对学生产生了极为深刻的影响，学生对阅读普遍存在误解，认为阅读就只是了解文章的字面意思，并将主要精力放在单词的运用和语法的分析上，而随之带来的危害导致了学生对文章的理解只停留在表层理解阶段，常常使得学生“不识庐山真面目，只缘身在此山中”。也就是说学生只掌握了词汇、句子的字面意义，却忽视了篇章的逻辑以及潜藏的文化意义。

这样看来，学生不但不能揣摩出文章的潜在意义、理解作者的写作意图，更不能发表自己对文章的观点和想法。因此，学生也就缺乏了在英语阅读中所要掌握的归纳篇章主旨、推测作者的隐含意义、推断和猜测生词等方面的技能，更不用谈对所阅读文章评价和鉴赏的能力了。

支架式教学则充分肯定了学生在课堂中的中心地位，教师通过搭建支架的方式，层层抛出问题，诱发学生思考，使学生真正投身于课文之中。理解文中的中心大意，推理作者的潜台词，并通过小组协作的方式相互交流意见，使得观点交融，碰出思想的火花，从而使学生有意义地赏析课文，而不是枯燥无味地将注意力放在单词和语法练习上。这样也就避免了学生对文章理解“见树不见林”的窘境。因此，将支架式教学理念和阅读教学有机地融合在一起，不仅可以弥补传统教学的不足，而且，还能让学生真正地在阅读课堂中喜欢阅读、享受阅读，从而进一步提高英语阅读水平。

（二）支架教学模式的基本步骤

支架教学模式的基本步骤分为：创设情境—搭建支架—独自探索—小组讨论—效果评

价五个部分。英语阅读支架教学模式也应遵循这五个环节。

1. 创设情境，激发学生阅读兴趣

上课开始之前，教师切不可盲目地让学生直接阅读课文内容。因为学生此时的阅读情绪还没有被充分地调动。如果此时就让学生投入阅读，反而会适得其反。相反，教师能够在上课之前创设情境，如给学生展示一些有趣的背景图片、视频，或是幽默的表演，则会构建学生阅读的欲望和动力。实践证明，在轻松愉快、真实自然的语言环境中学习，不仅能激发学生阅读热情，而且，习得的语言知识更易被学生掌握。

2. 搭建支架，引发学生进一步阅读思考

在创设情境之后，学生虽然具有了想要阅读的欲望，但是，由于其阅读的盲目性以及课本内容出现的较难语言知识点，都会影响学生刚刚建立起来的阅读信心。在这个时候，教师可充分扮演阅读引导者的角色，通过搭建支架的方式，引导学生一步一步地向课文阅读靠拢，从而使学生能够抽丝剥茧迅速抓住文章的重难点，以便为更好地理解课文做准备。教师在搭建支架时，要充分考虑到学生的“最近发展区”，并在不直接告诉学生答案的基础上，激发学生利用一切可能找到的线索解决文章的重难点，进一步深入理解文章内容。

3. 独自探索，巩固阅读技能

在以上两个步骤完成之后，学生对于课文的背景以及文章的重难点有了清晰的了解，接下来要改变传统教学中，教师带领学生逐字逐句翻译、分析、理解文章的方法，把主动权交给学生自己，让他们在教师提出的相关问题的基础上充分运用已掌握的阅读技巧，独立解决这些问题。在这个过程中，教师还可以让学生结合快速阅读和仔细阅读的方法由浅入深地理解课文。学生独自探索的阶段，并不是说教师的任务就没有了。此时，教师仍然要走到学生中去，了解学生的阅读进度和他们的真实阅读水平。教师还要及时地解答学生的疑问，并留意学生阅读过程中可能遇到的问题，过后可把一些具有代表性的问题呈现出来，放在全班集体讲解或讨论。

4. 小组讨论，活跃课堂气氛

学生在带着问题的情况下，独立完成了课文阅读的任务，但由于个人阅读和理解水平的差异，学生们对于课文的部分内容总是不甚理解。例如，在“the hidden treasures of Egypt”一课中虽然作者对于古埃及文物的展览已有了充分的说明，但是学生读完课文之后仍然存有疑问，如为了显示灿烂的古埃及文化，为什么偌大的开罗博物馆不把所有展品全部展出，而只是展出其中的一小半呢？为什么开罗博物馆有着众多的文物收藏，还要向其他城市博物馆借藏品来展出呢？这样尖锐的问题，说明学生在阅读后，已经上升到对文章深入性理解的阶段了。这时，如果还沿用传统教学思路，利用教师的权威来压服学生的疑惑显然已经不奏效了。这时，不妨以 6～8 人为一小组，带着学生自己在阅读中提出的问题加以讨论。首先，学生能够结合课文内容，并联系自身实际和亲身感受，在讨论时有话可说，不仅能使学生对英语阅读产生极大的兴趣，同时，还能使课堂气氛变得生动活泼，有利于教学任务的完成。通过实际的教学实践，小组讨论确实解决了传统教学中存在的一些棘手问题。如大班化教学由于学生人数众多，每个学生无法获得发言的机会；而在支架式阅读教学中的小组讨论里，全班同学可以同时说话，其口头表达交流的机会大幅增加。同时，学生面对同伴表达，更加真切自然，避免了直接面对教师回答而产生的紧张感、焦虑感等心理负担，对进一步挖掘学生英语观点表达能力有较强的推动作用。其次，学生也会逐渐地由传统教学的知识被动接受者角色转变为课堂主动参与者的角色。最后，学生的团队协作能力也得到了加强。

5. 效果评价，促进学生进一步努力

在学完一单元内容之后，需要对学生的知识掌握情况进行检测和评价以获得教学反馈。在这一环节中，要改变完全通过考试来衡量学生阅读水平的终结性评价体系。取而代之的是，将学生平时表现和考试成绩相结合的形成性评价，作为学生的评价标准。学生的平时成绩可综合其独立阅读和小组讨论中的表现情况来得出。单元测试也要一改传统以考查语言形式为主的考试内容，而且要使题型向多样性方向发展，如让学生做一个课堂展示，或让其以单元内容为主，编一个故事来表演，或让学生把读后感作为新闻专栏的形式展出，等等。为了让评价结果更加客观、科学，除了教师对学生进行主观性评价外，学生还要以小组为单位相互之间进行评价，因为学生之间的相互了解要远胜于教师对学生的了解。另外，鉴于阅读的结果是开放的、无固定答案这个特殊性，教师应带着欣赏的眼光去看待学生的观点，避免过去以纠错为主的评价手段。即使学生的某些想法有出入，教师也应该让学生直抒胸臆，并坦诚接受学生的想法，只有这样，学生才能放下思想包袱，坦然接受问题和批评，从而更好地促进学生阅读水平的提高。之后，教师可针对学生阅读学习中存在的问题进行进一步点拨、答疑，从而帮助学生矫正学习偏差，树立学习信心。另外，通过互评的形式不仅让学生知道自己在文章理解中的不足，倾听别人的看法和意见，而且，还能够促进学生之间相互竞争而形成良好的阅读学习气氛。

（三）实施英语阅读支架教学模式需注意的问题

1. 教师需弄清自己在阅读课堂中的角色——支架搭建者

在支架式教学模式下开展阅读课，首要的是明确教师的角色。在传统的阅读课堂中，教师往往会喧宾夺主，把自己扮成展示才华和知识的主角，而学生反倒成了消极的旁观者和配合者。为了打破这个不正常的师生关系，支架式阅读教学清晰地为教师指明了身份——支架搭建者。因为在这样的教学环境和模式下，教师必须认识到，学生才是阅读的主人，教师的任务是通过设立支架促进学生阅读。那么，如何才能成为合格的支架搭建者呢？首先，教师要充分洞悉学生的阅读情况，知道学生阅读时存在的难点、弱点，了解学生阅读时可能存在的心理状态以及清楚学生本身的阅读能力和水平。在此基础上，教师以学生的“最近发展区”为基点，设置不同类型的教学活动，以巩固学生的文章表层性理解能力，并试图提高学生深层性和评价性的理解能力。

2. 阅读课堂中教师提供的支架类型

教师要成为合格的支架搭建者，就必须知道在什么情况下提供什么样的支架。在阅读教学中，教师会根据阅读内容、学生基础和课堂环境而提供不同类型的支架。通常来说，在英语阅读课中，教师可为学生提供以下类型的支架。

首先是背景知识技能支架。背景知识技能支架主要是为学生提供表层知识的支架，如课文文化背景知识和语言基础知识，呈现方式主要为示范、演示以及解释等。例如，在科普阅读教学时，经常会有一些比较抽象的概念和知识，这些使得学生在整篇课文读下来之后常有懵懵懂懂之感。如果教师在此之前就能通过语言、图片或视频清晰地解释这些问题，那么，学生在阅读之后一定会对文章有更深刻的了解。

其次是知识网络支架。知识网络支架是为内化学生知识结构而提供的支架，它的作用主要是帮助学生把已掌握的表层知识转换为知识结构。这种支架一般会促进学生深层性理解，主要方式为提问、暗示和激励等。如学生在阅读完课文之后，经常为理解了表层知识而沾沾自喜，但是，一旦碰到深层性理解问题时，学生又会乱了分寸。这时，教师不妨向学生提供知识网络支架，帮助其回忆课文的整个发展脉络，梳理作者各论点之间的关系，并顺藤摸瓜，层层突破，深入理解作者表达的深层语言含义。

最后是思维能力支架。思维能力支架是为培养学生能力（主要涉及思维方法和认知策略）而形成的支架，为抽象性程度最高的支架。具体来说，在支架式阅读教学中，教师应该经常给学生搭建此种支架，从根本上帮助学生养成良好的阅读习惯和方法，如教会学生如何略读和寻读，如何根据上下文猜测词义等。

3. 阅读课堂中教师提供的支架应是动态的

在阅读教学中，如果教师不考虑学生的最近发展区，一意孤行地讲解他认为重要但学生已经掌握的知识，就会造成极大的教学资源浪费。由此看来，教师提供的支架应该随着学生的基础和能力而动态地做出改变。另外，支架式教学在阅读课堂中的开展，并不意味着学生会一劳永逸地在教师提供的支架下学习，也并非意味着教师在教学结束时一并撤走所有的支架。迪克森认为，过早或过迟地拆除支架都会使教学效果大打折扣，更有可能会使学生产生难以治愈的“智力伤害”。到底何时撤除支架才更为科学呢？教师应该时刻秉承“授人以鱼，不如授人以渔”的教育理念，也就是说，教师要明白现在提供支架的目的就是为了将来能够更好地撤除支架，让学生独立地运用自己已掌握的知识和方法来解决阅读中出现的问题。在支架式教学中，教师提供的支架应随着学生阅读能力的增强而不断地撤除。如前文中提到的背景知识技能支架可尽早撤除，因为这种支架主要涉及文章的基本语言点和课文背景介绍，易于被学生理解和接受，因此可尽早撤除。而知识网络支架侧重对学生深层理解的培养，这种支架会根据学生的最近发展区而相应地撤除，因此，它可能会随搭随撤，不间断地穿插于基础知识技能之中。而对于思维能力支架来说，由于它更注重对学生阅读时的监管和调控，关注学生优良阅读能力的形成和培养，因此，这种支架的搭建应是长期的、累积式的，可能贯穿整个阅读过程。因此，这种产品支架不仅不能提前撤走，而且需要反复搭建，直到学生自己能独立赏析、评价课文为止。

第四节　研究性教学模式

一、研究性学习及其教学模式的定义

关于研究性学习的含义，很多学者都给出了自己的看法。例如，①研究性学习是学生在教师指导下，从学生生活和社会生活中选择和确定研究专题，主动地获取知识、应用知识、解决问题的学习活动。②研究性学习教学，顾名思义就是学生在教师的指导下，以类似研究的方式进行学习，从而发挥主观能动性，进行知识的获得与吸收。这种教学模式的本质是让学生在“再次发现”和“重新组合”知识的过程中进行学习。③研究性学习基于建构主义心理学和发现说，是一种以学生为中心，以自主学习为主要路径，以能力培养为价值取向，重视探索、研究、发现等学习实践过程的一种开放式教学和学习方式。

总体来说，学术界主要存在以下两种对研究性学习的定义。

从广义上说，研究性学习是在开放的教学环境中，以培养学生研究式学习方式为目标的定向培养课程。在研究性学习教学中，教师需要使学生了解不同的研究方法，从而提高学生的研究技能与学习能力。

从狭义上说，研究性学习是相对于传统的接受性学习而言的，其通过使用探究性学习和教学方法来提高学习者的学习能力。

研究性学习以自主性、探索性、开放性以及创造性为特点，通过学生亲身实践获取直接经验，养成科学精神和科学态度，掌握基本科学方法，提高综合运用所学知识解决实际问题的能力。和传统的英语教学模式不同，在研究性学习教学模式中，学生是学习的主体，是知识的主动建构者，教师是教学活动的组织者、引导者和促进者。在这种教学模式下，师生关系能够得到和谐的发展，师生通过主动的积极建构进行知识的学习。总而言之，研究性学习教学模式，是指在创新性教育观念的指导下，以建构主义心理学和发现说为理论基础，坚持以学生为中心，以自主学习为主要路径，以能力培养为价值取向，重视探索、研究、发现等学习实践过程。

二、研究性学习教学模式的意义

研究性学习教学模式是一种新的知识观、教学观，是英语教学改革的重要模式之一。研究性学习教学模式主张学生的平等参与，对学生进行能力教育，同时其学习方式向着深度学习转变，使学生真正成为学习的参与者。下面对研究性学习教学模式的意义进行总结。

（一）研究性学习教学模式能够进行知识观的建立

传统的英语学习是一种旁观性的学习，学生对知识的吸收主要通过被动的记忆与课堂教学。研究性学习教学展开的前提是对学生知识观进行改变，从而建立一种新型的主动的知识观。在研究性学习教学中，学生能够真正有效地参与课堂活动，从而将课堂知识内化为“个人知识”。在这种模式下，学生的参与意识得到激发，会在学习中注入自己的热情、经验、品位等。

（二）研究性学习教学模式能够建立一种新的课程观

传统的英语教学主要受知识课程观的影响，教学中将关注点放在教学目标与结果的完成上，致使英语课程带有控制性与封闭性。而研究性学习教学模式则以能力课程观为指导，在教师的引导下，学生能够根据自己的兴趣爱好进行不同的课题研究，从中培养自主学习能力、独立创新能力。研究性学习教学模式的能力课程观尊重并鼓励学生的个性化，主张在开放的教学环境中进行活动的展开，反对在教学中过多渗透成人的经验与文化，而以学生的经验为核心进行教学的展开与实践。学生角色的转变能够使学生对学习进行批评与反省，从而对知识进行重新理解与吸收。

（三）研究性学习教学模式能够建立一种新的教学观

研究性学习教学主张对学生世界观、学习观和知识观的重新建构，通过在情境中展开教学，提高学生的主动性与社会性。这种教学模式以理解现实世界为目的，是一种应用性很强的教学形式。在研究性学习教学中，教师通过探究的方式进行教学的组织与知识的传授。师生之间是一种平等、互助的关系。教师通过对教学的引导能够开发学生不同的特质，从而形成个性化的教学。

三、研究性学习教学模式的展开

研究性学习教学倡导以开放的教学环境为依托，以学生能力的提高为目标展开教学活动。因此其教学关键是对学生的实践能力与创造能力进行培养与提高。这种教学模式要求打破传统英语教学的束缚，关注学生的学习潜力与个性特点，从而使学生成长为拥有独立学习意识与自主钻研能力的学习者。通过对研究性学习教学模式的总体论述，下面对教学展开的几个重要方面进行总结。

（一）创设适合教学的问题情境

研究性学习教学模式主张对学生学习积极性和主动性进行开发，因此在教学过程中创设一定的问题情境十分有必要。适合教学的问题情境要能够引起学习者的求知欲望，通过将教学内容与求知心理的结合，让学生主动将自己代入学习中。同时在这种教学模式下，学习者能够清楚地了解教学目标，因此其研究的欲望就能得到激发。教师在设计教学问题的过程中，需要考虑到问题的趣味性、挑战性，并结合学生的年龄特点进行开放性和实践性的教学。

（二）注意独立研究与合作交流的结合

研究性学习教学模式主张学生独立思维的培养，因此教学过程中学生能够根据自己的经验对教学内容中的问题进行研究与发现。这种独立研究能够动用学习者的思维，是学生主动建构知识的过程。这个过程和传统英语教学中被动的知识接受不同，能够使学习者感受到获得知识的喜悦，从而加强学生的自主意识和独立研究能力。在研究性学习教学模式中，还需要让学生在独立研究的基础上进行同学间或班级内的合作交流活动。在这种交流活动中，学习者能够展示自己的思维过程与研究方式，并吸收同学们研究的优秀之处。在交流与融合的过程中，学生的合作意识与语言运用能力都会得到提高，同时对班级凝聚力的形成也大有裨益。

（三）教师在研究性学习教学中的作用

在研究性学习教学模式中，教师的角色得到了改变，成为教学的指导者与促进者。相比传统的教学，这种开放性的教学环境对教师的要求有所提高。研究性学习教学模式是一种新兴的英语教学形式，因此学习者很难在最开始完全适应，同时也不能领会到这种教学的目的与意义。而在这个过程中，教师对学生的引导十分重要。教师需要保证一定的教学效果，同时还不能过分干预学生主体性的发挥，因此这对于教师能力是重大的考验。

为了提高研究性学习教学模式的效果，教师可以利用一些新兴的英语教学手段开展教学工作。例如，通过多媒体、网络进行教学内容的展示，引起学生对其研究的兴趣。在学生研究的过程中，教师可以从中引导，并教授学生常见的研究方法。在学习结束后，教师还需要对此次教学的目的、研究内容、研究意义进行总结，从而使学生的学习主人翁意识得到增强。

四、研究性教学模式在英语阅读教学中的应用

（一）英语阅读研究性教学模式的可行性

建构主义认为，知识不是通过教师传授得到的，而是学习者在一定的情境即社会文化背景下，借助其他人（包括教师和学习伙伴）的帮助，利用必要的学习资料，通过意义建构的方式而获得的。

就英语学科而言，研究性学习适用于各项技能的教学。英语学科中蕴藏着大量可供探究的问题，特别是英语阅读教学。

首先，阅读材料的选择范围广泛，内容丰富，这使得阅读活动具有很强的社会性和开放性。

其次，英语阅读不受时间和空间的限制，有较强的实践性。

最后，也是非常重要的一点，英语阅读活动充分体现了学生的主体性和研究性。阅读

活动不是消极的、被动的，而是积极的、活跃的，充满创造性的。由于学生的学识水平、阅读经验、生活经验、兴趣爱好、情感体验都不一样，对作品的理解会大不相同。英语阅读就是要让学生将自身积累的感性知识和实践经验与作品相联系，通过各自创造性的思考来体会英文作品的精华，领悟其内涵，并从中获取知识、应用知识。这也正是研究性学习的主旨。由此可见，在英语阅读教学中实施研究性学习是可行的。

当然，这种有意义的英语学习必须有一定的有利条件和丰富的学习资源来辅助。当前发达的网络技术作为一个先进的信息库，可以为研究性学习的开展提供无限的资源和良好的帮助，保证了研究性学习的顺利进行及意义建构的完成。在当代教育环境下，以信息技术在教育中的应用为突破口，开展以网络技术为基础的英语研究性学习，可以有效地促进以教师为中心、以课本为中心、以书本为中心的传统英语课堂教学模式向以学生为中心、以自主学习为中心、以多途径获取知识为中心的新课堂模式的转变，帮助学生培养创新能力和实践能力。

（二）研究性教学模式给英语阅读教学带来的变化

研究性教学模式对英语阅读教学带来的巨大冲击，表现在英语阅读教学实施层面正在发生深刻变革。其中，英语阅读教学环境、教学方式、教学过程、师生角色方面的变化最为显著。

1. 教学环境的变化

与传统的静态教学环境相比，研究性教学模式为英语阅读教学构建了一个开放的动态阅读教学环境，教学环境不只局限于“场所”，而是包括“阅读资源、教学策略、阅读氛围、人际关系”等要素，它与教学活动共存共生。

2. 教学方式的改变

在研究性教学模式中，教学方式由传统的“教”为中心逐渐向以“学”为中心转变。单一的班级授课制转变为个别化教学、小组教学、班级授课、协作学习等多种教学组织形式并存。教学方式由原来单纯的词句讲解、归纳与演绎的讲解转变为“主动探索”“协作学习”“会话商讨”和“意义建构”等多种新型阅读教学方法的综合运用。

3. 教学过程的转变

基于研究性教学模式的英语阅读教学，教学过程真正成为师生共同探求新知的过程。教学不再是教师踏实地实施课程计划，而是师生通过问题探究、协商学习、意义建构等活动，将教学活动转化为以学生为主体的学习过程，学生在自我探究、自我发现、自我建构的基础上获得知识、形成能力。

4. 师生角色的变化

教师从传递英语知识的权威转变为学生英语学习的组织者、协调者、设计者、开发者、社会语言文化的诠释者、教育的研究者和学生的合作伙伴；而学生则从被动接受的知识容器和知识受体转变为主动建构的知识主宰、教学活动的积极参与者。学生在和谐、民主、平等的师生关系中，形成积极、丰富的人生态度和情感体验，丰富知识和提高了解决问题的能力。

（三）在阅读教学中创设研究性教学的问题情境

在研究性教学中，问题探讨是一种教学模式与方法。其基本理念在于以激励、强化学生在教学过程中的主体参与意识为着眼点，以帮助学生学会学习，学会发现问题、分析问题，培养学生创造性解决问题的能力为宗旨，营造一种有利于学生发展的、开放而又活泼的学习氛围。在研究性教学问题情境的创设过程中，教师应以研究性学习中思维活动的几个主要指向，即以证据（知道了什么？如何知道的？）、观点（从谁的观点来看？从什么角度立场看？）、联系（彼此之间如何联系？原因与结果是什么？）、推测（倘若……会是怎样？有没有变化？）、适宜性（它为什么重要？它的全部意思是什么？）这个体系为基础，根据阅读教材的具体内容开发出适宜的基本问题。基本问题在具体方向上驱动着具体的教学过程，通过让学生集中关注那些有着意义结果的问题，营造以探究为特征的活跃的课堂气氛。从回答问题的角度思考教学内容，这是研究性教学问题情境创设的关键，它打开了驱动学生探究的问题之门。课堂教学从熟悉的内容授受中解脱出来，进入学生主动探究的未知领域；工作的焦点由教师转向学生，转向一种更具建构性的方式——要求学生自己发现问题的道理和意义，探究问题并提高自己，它将给人（包括教师和学生）以深刻的满足感。

在阅读过程中，同样的问题可能引发多种可能的答案、观点及研究方向。因此学生在阅读过程中就会下意识地关注这些问题，仔细审视文章的整体内容，区分重要和非重要观点，并在阅读中运用概括信息策略，对文章内容进行取舍与浓缩，整理出文章主要内容的梗概，这是较难的认知活动，它能提高学生对文章的理解和记忆能力。

（四）研究性教学模式在英语阅读教学中的教学设计

一般来说，研究性教学模式下的阅读教学设计可从以下几个方面入手。

1. 提出研究主题

研究性学习是以问题为中心展开的。教师可将每个单元的内容作为一个中心话题向学生提出教学目标任务和相关的研究问题。这些问题应具有一定的挑战性，富有启发性，尽量贴近学生的实际，这样才能引起学生积极的情感体验，激发学生学习的内在动机。

2. 分组

教师将全班学生分成若干个小组，3~6 人为一组。研究小组由不同性别、学业成绩、能力倾向的学生构成。

3. 资料收集和处理

确定了探究的主题，学生通过观察、查阅书刊、上网查找资料、采访、问卷调查等多种方法收集与研究相关的大量信息，并对信息进行分析、整理、提炼和归纳。教师在此过程中可以提供必要的指导，这些指导并不是关于具体的研究内容和答案方面的，而应主要集中在思维方式和研究方法策略方面，如怎样在图书馆及网络上进行文件检索，如何做读书笔记，如何设计问卷等。

4. 组织讨论，交流成果

在小组成员的共同努力之下，每个小组都取得了一定的成果。在这一阶段，各组要选一位代表以口头报告为主要形式，同时可以借助图片、幻灯片、多媒体演示等一些视觉辅助设备，向全班展示其研究成果。交流时，如果有不全面、不正确的地方，其他同学可以补充和纠正。其他组的同学可以质疑，同学之间、小组之间可以展开评论和争论。这个阶段是整个研究性学习过程中必不可少的部分。学生不仅可以通过与其他小组的研究成果进行对比，了解自己的特点和不足；而且学生在交流研究经验的过程中，开阔了思路，学到了新的方法，为今后的研究创造了更好的条件。

5. 结果展示

经过对资料的整理、分类、阅读、分析和讨论，学生形成了比较成熟的认识后，就可以自拟题目，进行综合概括作文。所有的学生和教师都可对这些概括作文进行阅读和欣赏。在教师安排下，每个小组有一名学生介绍作文的形成过程，最终将资料搜索和讨论分析的过程以及成果展示给全班学生。

在这个分析和概括的过程中，学生会掌握一部分单词、语法和句型，教师可以引导学生找出其中的关键词、疑难句型等，并用新的情境加以操练，使学生在掌握文章的内容、完成英语阅读教学基本任务的同时，也掌握了单词、句型，达到了疏通文意的效果。

6. 形成性评价

研究性教学模式应注意以形成性评价为主。分析研究的思路，论证探讨的得失，反馈信息的相关程度是评价的一部分。学生进行分组讨论，教师则全程跟随式指导，同时要求学生保留查找资料的路径以及学生的作文和小组的演示，以便形成对教学的评价。还可采取其他方式的评价，如学生的自我评价、小组内学习者的评价以及教师对小组的评价。

研究性教学模式与其他教学模式在英语阅读教学中最大的区别在于研究性教学模式更注重问题情境的创设，不是把知识直接展示给学生，而是需要学生在问题情境中一步一步地自行探究或者在教师的指导下进行探究，充分发挥学生的主观能动性，在教学中使学生获得更大、更多、更广泛的自主权。这种教学既是对教师的一种挑战，同时也是对学生的一种挑战。对教师来说，需要进行长期不懈的努力和不断的探索。事实证明，在开展研究性教学策略的英语阅读教学中，学生积极探究的成分增多了，学习英语的兴趣也更浓了。

第五节　互动性教学模式

一、互动教学模式的基本内涵

（一）多元化的互动主体

教师和学生间的互动在课堂中呈现多种形式。师生互动和生生互动是两个最基本部分，处于“教”主体的教师与处于“学”主体的学生之间是互动的关系，同处于学习主体的学生间也是互动的关系。在教师与学生、学生与学生之间还存在众多层次的互动。教师与学生个体间存在互动，教师与学生群体间存在互动，学生个体与学生个体间存在互动，学生个体与学生群体间存在互动，学生群体与学生群体间存在互动。

教师和学生之间存在多层次的互动。在多维互动教学模式下，师生双方都是平等的参与者和不同意见的交换者，交往双方中任何一方发出的交往意愿或活动都能得到另一方的积极应答，表明从教师到学生、从学生到学生、从个体到群体、从群体到个体，任何一方都是信息的发送者，同时又是信息的接受者和加工者。较之过去教师独占课堂、学生被动接受的单一教学信息传递方式，多维互动教学模式明显地突出了学生的主体地位，为学生的交往意识、合作意识、竞争意识、创新意识的培养创造了条件。

（二）多维的互动内容

每个学生都带着自己的经验背景和独特感受，来到课堂学习。在师生交往的过程中，必然存在各种信息交流。在多维互动的课堂中，教师和学生间交流的信息是丰富的，具有多维的互动内容。

从内容上看，教学双方互动交往的内容是多维的。这种多维既有知识层面的交往互动，又有情感态度、方法等层面的交流，更有实践层面的交流。从内容来源上看，互动信息来源是丰富的。这种丰富既有来自教师的信息，还有来自学生的信息；既有来自教室内环境的信息，还有来自课外生活经验的信息。所有的信息都被互动双方利用着，因为那些有创造力的学生不仅对教师所讲内容感兴趣，还有自己感兴趣的事情。开放的信息来源，使教室这一有限的物理空间在学生交流中无限扩大。

在多维互动课堂中，教学主体间在认知、情感、实践等方面的互动生成，促进着学生的主动发展。信息是多元的，是非线性传递着的，是呈网状彼此联系着的。多维的思想互动碰撞，有利于学生思维广度的拓展和学习兴趣的开发。

（三）丰富的互动媒介

在多维互动教学中，要有大量的能引起交往双方互动的媒介，用丰富的媒介形成“互动场”。媒介指对学生发展起作用的所有客观条件。例如，在英语教学中，教师可以直接将收集整理的与教学内容相关的图文资料或是影音视频等呈现给学生，还可以灵活运用音频或是语音提示等多种方式，激发学生的发散性思维，引导学生与多媒体、计算机等实现人机交互，并在现代教育技术的作用下全面掌握文本内容。不仅如此，教师还需要主动挖掘网络中的其他各种优秀英语教学资源，包括英文歌曲、英语电影等，并根据学生实际情况与具体教学内容，依托教学网络平台或是微信、QQ 等学习群，有针对性地将其推送给学生。通过这些多维立体的教学手段，激发学生的热情，增加课堂互动的信息量。多维互动教学模式主张所有能纳入我们教学中的因素都是我们的互动媒介，因为这样才更有利于形成多维的互动关系。

（四）多样的互动形式

很多要教学的东西无法像事实知识那样物化在书本中，而是要通过师生的思想、情感、言行来表现，通过师生交流、沟通来实现。因此，传授—接受绝不是唯一互动形式。互动形式应是多样的，要打破原有的教师讲学生听的单一互动，增加对话、讨论、合作、辩论、探究、倾诉与倾听、活动、分享、评价、激励、期待等形式，调动学生的各种感官参与互动，使学生心理共鸣、思维共振、信息互补、互通有无、和谐发展。

二、构建互动式阅读教学模式

在英语阅读教学中，互动应该是多层次、多方位进行的。在教学环境下，教师与英文文本、学生以及自身展开互动与交流。而在学习环境的支持下，学生通过与英文文本、教师、同学以及自身等展开真实、开放的互动，来体验理解言语作品的真正意义，丰富自己的认知结构，提升自己的审美判断能力和批判性思维能力。根据实际教学，英语互动式阅读教学，可以有以下几种主要模式：教师与英文文本的互动、教师与学生的互动、教师与自我的互动、学生与英文文本的互动、学生之间的互动、学生与自我的互动。

（一）构建教师与英文文本的互动

教学英文文本是指在教学沟通的过程中产生和接受的，可以视为会话英文文本和读写英文文本以及互动英文文本和独白英文文本的总体。这种教学英文文本，是教师与学生一起合作创造的极其复杂的产物。其中，包括课程改革指导纲要、学科课程标准、教学指导用书、教科书以及教师的教案等。这里的英文文本主要是指教科书中的所有材料。而教科书仅仅是教学英文文本中的一类，它们是供师生学习和研究的既成读写英文文本，现指教师所需教授的内容，可以是一段互动，也可以是一篇文章。传统教师的备课方式，仅仅是根据教师参考书来分析英文文本的结构和语言点，在使用这种备课方式的过程中，教师会畅通无阻地获得他（她）所需要的信息，但这一方式所带来的弊端就是教师缺乏“思考”的环节，也就是不能从根本上透彻地分析和理解“英文文本”所需传达的信息。而互动式教学，则倡导教师与英文文本进行互动。

1. 教师与英文文本内容的互动

这既包括传统备课的内容，即文章的结构与语言点，还需要教师对英文文本的俗语、典故以及写作背景、文化背景等进行充分广泛的了解。正如我们平时所说，“教师要想给学生一杯水，自身必须有一桶水”。教师只有在完全地收集并了解相关的拓展内容后，才能自如地传授给学生。除此之外，教师还应该对英文文本进行语篇分析。例如，教师可以发出这样的提问：“为什么如此转折？为什么用这句话回答？逻辑顺序是什么？”这些都是教师参考用书上没有的内容，但却是教师应该掌握的知识。

2. 教师与英文文本作者的互动

在此过程中，教师在备课阶段应该有这样的疑问：“英文文本的作者是谁？具有什么样的教育背景？作者要传达给读者的最主要信息是什么？作者是通过什么手段、方式从而一步步揭示自己的写作意图的？作者为什么要传达这样的信息？作者的最终目的是什么？作者的观点是什么？作者为什么会有这样的观点？”只有在这样层层质问之后，教师才能对文章有根本性的把握。英语课堂与其他学科的课堂相比，有其特殊的地方。因为它的英文文本很多都来自地道的英语国家。因此，就不可避免地涉及许多西方的文化。而中西方的文化又存在着很多差异，所以，教师在授课过程中，必须特别注意英文文本作者的观点和看法。更需要注意在课文的讲解过程中，如何巧妙地掩盖自己的观点，以防止自己的观点影响到学生观点的形成。这样才能充分发挥学生的主观能动性，通过对知识的深层加工，最后将其转化为自己的观点。经过这样的问答过程，教师对英文文本的把握就从框架的客观层次提升到了观点的精神层次，更进一步地掌握了英文文本的信息，使自己的课堂教学更加游刃有余，从而让学生在心目中形成了一定的信任感。

3. 教师与英文文本编者的互动

当前，英语教科书中的入选篇目都十分的新颖和前卫，能灵敏地反映出教科书编者的指导思想，体现着英语改革的方向。教师应积极思考这些英文文本入选的可选性和必选性，即本篇英文文本具备了编者想要的哪些内容，又具备了哪些不可缺少的、独特的内容。编者为何把该英文文本安排在此书？本篇与整本教材的逻辑关系是什么？是否起到了承上启下的作用？这些提问能帮助教师了解、推敲英文文本值得学生学习之处以及该英文文本在贯穿知识点方面所起的作用，从而使教师更加准确地使用教材。

（二）构建教师与学生的互动

在整个互动教学过程中，教师的主导作用和学生的主体作用的发挥都是极其重要的，因为二者直接影响到教学效果。而教师和学生在教学过程中不是独立的个体，而是相互作用的整体。师生关系融洽、配合默契，将会直接提高英语课堂教学效率，活跃课堂气氛，激发学生学习英语的兴趣。那么，如何才能培养和谐良好的师生关系呢？科学性、人性化的互动教学模式将会起到一定的积极作用。

1. 课前互动

教师若想在课堂上对学生进行有效教学，使教学活动顺利进行，从而收到良好的教学效果，必须在课前充分详细地备课。除了以上所提到的教师要与英文文本的内容、作者以及编者进行互动外，教师还应该积极地在课前与学生进行互动。通过互动，了解学生的兴趣及爱好、学生对英文文本的大致理解程度、班级学生的整体平均水平以及学生对教学的预期要求等。

2. 课上互动

情感体验是教学动力机制生成的必要前提。情感是人对客观事物的一种态度，反映着客观事物与人的需要之间的关系。学生在英语学习过程中，会有各种各样的情感。有的表现出喜欢和热爱，有的表现出反感甚至拒绝。教学过程中，学生积极的学习态度是英语教学成功的关键。情感成分对于语言学习的作用往往大于认知阶段。情感之所以重要，是因为它是学习的发动机，再好的机器，若不发动起来，便是一堆废物。情感的作用如果发挥得好，可以启发学生，调动其学习热情和积极性，解决学习过程中的心理和思想障碍。首先，是教师与成绩优异同学的互动。这类学生通常自身就有一种优越感，觉得自己成绩好，与教师关系较近。所以教师不用刻意与他们进行太多鼓励性的互动，只需在课堂提问时经常对其发问、与其互动，并给予赞许，让他们树立良好的榜样。其次，对于成绩中等的学生，教师应适当给予鼓励性话语，促进其积极发言，充分给予表扬，激励其向成绩好的同学看齐，并带动成绩较差的同学。最后，对于成绩较差的同学，教师应时刻关注这类同学的课堂表现，多与其互动，对其进行提问，吸引其注意力。对于他们在课堂上的回答，只要有一点点接近或是准确，就要多对其进行鼓励和表扬。如果学生无法正确回答教师提出的问题，教师则必须通过引导和暗示尽量让学生顺利回答出问题，并给予肯定，使其保持学习的积极性，获得成功感和高峰体验。教师在整个授课过程中，只有不断与学生进行互动交流，才能了解和掌握学生是否跟得上自己授课的速度，是否理解自己教授的内容，并对讲课速度及时地进行适当调整，保证大多数学生的听课效率。与传统英语教学相比，互动式教学还要求教师不断启发鼓励学生、教会学生如何发现问题并主动提问以获取答案。通过这种方式，能使学生对问题的记忆更加深刻，逐步培养其发现问题的能力，并产生主体感，认识到自己在课堂中的重要作用，从而有效地促进教学活动的开展。

3. 课后互动

要想让学生在课堂上配合好老师的教学，课后师生的互动将会起到一定促进作用。在课堂上，教师与学生有着师生关系的明显界限，教师与学生的互动受到一定的约束与限制。而在课后，师生关系相对融洽，界限相对缓和，教师应充分利用这些时间与学生进行互动。课后与学生用英语互动有几点好处：首先，能锻炼学生较为实用的口语，并使其认识到学习英语的最终目的是交际，从而端正其学习动机。其次，能发现学生在课堂上学习英语时遇到的方法上的问题，并给予帮助，使学生掌握正确、有效的学习方法。再次，能了解学生的个性特点或特长，以便教师在课堂上充分发挥其优势，增强学生学好英语的信心。最后，通过交流能增加师生间的感情，学生会在课堂上更加配合老师的授课。特别是针对英语成绩不好和英语学习积极性较差的学生，要多与其互动，关心他们、了解他们，让他们感觉到教师对他们的关心和照顾。只有这样，这些学生才会尽力地好好学习英语，维护师生间的良好感情。这些学生成绩进步往往较慢，但在其努力过程的每个阶段中，教师都应给其以肯定与表扬，为其打气，促进其形成“良性循环”的学习效果。实践证明，这种以个人关系来促进学生英语学习的方法，效果十分明显。

（三）构建教师与自我的互动

要理解现在的我，就要理解过去的我。自我互动在通常意义上，是指现在的我与过去的我的互动，也就是自我对过去所沉积的经验、历史、思想等的反思性理解。反思是指个体对自身内在经验和外在世界的咀嚼和回味、认识和探究，是指对一段互动的强化和升华，是一轮互动的终点，又是新一轮互动的起点。在开放的互动中，互动者与英文文本、他人的互动过程，是一个不断反思的过程。互动如果没有反思，就必定流于空泛和肤浅。只有当互动成为反思性互动时，互动才真正具有它的深刻意义。

自我互动所需要的对自我的清晰的意识，是在与英文文本、与他人的互动中产生并确立的。在与他人的互动中，才会发现自我与他人的不同之处。自我的反思就是对自己之所以不同于他人的原因的探究和合理性的追问。通过互动关系，在人与人交流、交往的过程中，在自我反思的基础上，个体确立既不同于他人，又与他人紧密联系的关系网中的自己。

教师的自我反思内涵十分丰富，可以是对课程设计和开发的反思，可以是对课程资源选取和组合的反思，可以是对教学操作层面的反思，也可以是对自身教学观、学生观的反思。例如，教师可以梳理整个互动过程的处理方式，归因分析各种意外生成，反思“最精彩和最糟糕的教学片段是什么”“哪些教学设计取得了预期的效果”“学生的整体反应如何”“学生在教学过程中提出了哪些有价值的问题或有何创造性的发挥”“如果重新设计这堂课，我将如何教”等。

（四）构建学生与英文文本的互动

传统的教学对于学生来说，仅仅是上课听懂教师的讲授，做好笔记，然后将所有学到的知识记入脑中。而互动式英语教学要求学生变被动学习为主动学习，学生能针对所学英文文本主动进行发问，在解决这些问题的过程中获取知识。当然，学生主动进行发问的能力和习惯，需要一段时间的培养，教师在初期应做好引导工作。与教师一样，学生与英文文本的互动，也可通过以下三种方式展开。

1. 学生与英文文本内容的互动

大学生与中学生不一样，他们已经具有一定的英语基础。因此，他们完全有能力通过自学来读懂英文文本的字面意思。要想在课堂上获取更多的知识，他们必须在课前做好充分的预习来发现问题。在课前，学生通过自学，阅读英文文本，发现自己从英文文本中所能独自获得的信息，同时，也找出自己不能完全理解的难点。针对这样的难点，学生应通过小组讨论或资料查询等方法，试图解决这些难点。这将有助于培养学生独自发现问题、解决问题的能力。经过自己的努力还不能解决的问题，应该在教师的讲课过程中得到解决，这样学生的记忆会更加深刻。通过互动式的课前预习，学生对教师所需教授的英文文本内容有了大概的了解，在课堂上就会轻松地跟上教师讲课的速度，并且对全文有了总体性的把握。因为几乎每个学生都带着自己无法解决的问题听课，所以在听课时，他们就会主动捕捉这些问题的答案，有针对性、有重点地获取知识。这种方法让学生由被动变为主动，记忆会更加深刻，学习效率自然得到了有效的提升。此外，在听课过程中，学生也应该根据教师的暗示，与英文文本层层进行互动和提问，进而了解英文文本更深层的意思。

2. 学生与英文文本作者的互动

任何一篇英文文本都不是凭空而写的，它是作者经验的显示，心情的吐露，构思的外显。因此，每一篇英文文本都有作者隐藏其中。为此，要深入理解英文文本，学生也必须与作者进行互动。首先要了解作者写作的意图，它是要揭示一个事实，要反映一个问题和现象，还是要抒发某种情感？学生要深入理解课文，与作者进行这些方面的互动是必要的。在此基础之上，学生还要思考英文文本的布局、事例的运用、详略的安排、语言的选取以及写作手法方面的问题等。这将有利于学生进一步理解作者是如何表达出写作意图的，并且学会这些方法，然后将其运用到自己的写作中去。此外，学生还要善于发现作者渗透在字里行间的观点、立场。

3. 学生与英文文本编者的互动

每一个英文文本都有编者隐含其中。他们的观点往往体现在提示或练习等内容中。通过这些提示和练习，一篇英文文本的重点、难点、训练的侧重点以及关于课文的理解，都能或多或少地显露出来。与编者互动，对于学生理解课文是有很大帮助的。学生主要应该思考并解决以下问题：编者为何要把这篇英文文本放在此处？这篇英文文本有什么特别之处？编者是想让我们接受这个观点还是反对这个观点？这个英文文本在整个知识系统里面起到了什么作用？归根结底，那就是学生必须了解编者的意图，从而更加有针对性地进行学习。

（五）构建学生之间的互动

在集体中，共享意义具有非常强大的作用力，它至关重要。集体思维的力量要远远超出个体思维。语言是集体性的，语言中所包含的大多数思维与观念，当然也是集体性的。通过互动能使个体思维集中形成集体性思维。因此，学生之间的互动是形成集体思维的重要途径。不同的学生对于英文文本意义的理解，在范围、程度上存在着差异，互动则给学生交流和了解这些差异提供了机会。不同的理解，会使学生产生内部的认知矛盾。这种矛盾将会引起并促进每个学生内部知识结构的重新构建。学生与学生的互动主要有以下五种模式。

第一，课堂上教师提出问题以后，让学生进行小组合作学习。这样的互动不仅可以锻炼学生大胆地表达自己观点，教会学生如何听取别人的观点、批判别人的观点或是借鉴别人的观点，还可以让学生学会如何让别人接受自己的观点。

第二，教师还可以根据英文文本，组织一些有趣的情境表演或是微型辩论赛等英语活动。久而久之，学生的口语表达能力及瞬间思维的能力将提高，同时，他们也可以学会与个人交际以及与多人交际的技巧。

第三，学生一起交流对英文文本的理解。在这种互动中，学生彼此拥有他人的片断信息和观点，从而引起同样的情感与经验，产生知识，使“彼此共振”。“互动性”沟通超越了单纯意义的传递，具有重新建构意义、生成意义的功能。来自他人的信息被自己吸收，自己的既有知识和经验被他人的观点所唤起，这样就有可能产生新的思想火花。正是在同他人的互动中，出现了和自己不同的见解，才促成了新的意义的创生。

第四，教师可以适当安排就某一问题，让持有不同见解的同学在课后进行交流。因为是课后，没有教师的参与，所以，这时学生间的互动就会缩短心理上的距离。他们会在互动中指出对方见解中的疑点，追求论点的精细化，甚至力求纠正对方见解中的错误。这样，他们彼此之间的互动就产生了大量的批判性信息。这些批判性信息，会不断地激活、调整和促进互动的前进方向和进程，非常自然地把话题引向深入，并且不断地提升互动的质量。这种批判性信息正是提高合作学习效率的要诀。

第五，教师还可以采取小组合作学习的模式，将学生分成若干小组，让他们在自己的小组内分别相互交流，理解英文文本。学生在这样的互动中，不仅需要展示自己思考的结果，而且为了说服同伴，往往还伴随着说明自己思考的过程、方法和策略的强烈欲望。这样，他们在互动中，不仅交流了理解的结果，而且交流了取得这些理解结果的过程、步骤和方法。这种交流会积极地促进学生对自己认知活动的反思。总之，学生间的互动气氛是极为轻松融洽的，没有慑于教师权威的单向服从。在小组合作学习中，每个学生说话的机会和时间相对增多，即使是平时较少说话或性格内向的学生，在互动活动中也显得较为随意和放松，他们不用担心语法错误，或是发音不标准而招来批评和嘲笑，而是把更多的注意力都放到了意思和思想的表达上。此时，成绩较好的学生充当了学习中的教师角色，成为班级和小组学习的核心与骨干。他们一方面不断完善自己的实践能力，提高在团体中的自我价值感；另一方面也通过完成任务、帮助他人或提携后进生等方式，不断为团体的发展做出贡献。他们清晰的表达是以流利的口语为基础的，这将会激发小组内其他同学在有目的驱动的情况下练习基本的口语，以促进互动的积极进行。

（六）构建学生与自我的互动

古希腊特尔斐神殿里雕刻着一句话，“认识你自己”。一个人成长的历程，既是不断认识世界的过程，也是不断认识自我的过程。与自我的真诚互动，是开启自我心灵宝库的金钥匙。自己与自己互动，乃是互动的高级形态。从互动的角度来看，这实际上道出了自己同自己互动的特异形态。哲学家也经常处于自我互动状态，有人问安提斯泰尼：“你从哲学中获得了什么？”他回答：“同自己谈话的能力。”同自己谈话，就是发现自己，发现另一个更加真实的自己。当然，自我互动并不神秘，并不是哲学家的专利。我们每个人都在自觉不自觉地进行着自我互动。阅读教学的任务就是要使学生的自我互动自觉化、习惯化、理性化。事实上，在阅读文学作品时，学生总在进行着自我互动，内心深处与另一个自我不断地交流、斗争，从而发现自己、认识自己、评价自己、丰富自己，把自己同作品中的形象进行比照，丢弃自己的局限、偏见、丑陋、愚昧和冷漠，展现自己的热情、灵感、勇气、包容和创造。

在互动式阅读教学中，存在着教师的自我互动，而最终的目的，其实是促使学生进行自我互动，提高自己的思想，形成自己的知识体系，并建构自己的评价标准。自我互动往往是学生在深刻理解课文之后进行的。学生在阅读英文文本的过程中，阅读的心得和感悟与自己原有的生活积累、思想实际或情感体验发生碰撞，从而对英文文本产生顺应、同化，或者产生矛盾和疑问。这个过程就是学生自我互动的过程，也就是学生自我思考、反思，与英文文本产生共鸣的过程。自我互动属于内部互动，发生在学生个体的心灵深处，是思想的沉淀和“发酵”。自我互动的实质是自我反思，核心是思考。互动如果没有反思，就必定流于空泛和肤浅。自我互动是在与英文文本、与他人互动的基础上的自我反思性理解。学生与自我的互动，表现在对教师讲解的思考、阅读中的思考、解决问题的思考以及学习中的自我反思、自我安慰、自我鼓励。阅读教学中，仅建构英文文本意义是不够的，重要的是，学生在获得英文文本意义的同时，同内心深处的自我互动，建构其自我意义，从而完成对自身的改造和转换，优化自我主体品质，完善自我。从一次富有成果的自我互动中实现出来的自我，是一个比过去更加强大和完善的自我。

第四章　多模态理论与英语教学模式创新

第一节　多模态话语分析理论

一、定义及产生背景

（一）多模态话语分析的定义

自出现话语分析理论以来，研究者关注的焦点一直在语言本身。但随着多媒体技术的发展，人们越来越认识到多模态话语的重要性。

然而，何为模态和多模态话语？不同的学者对此有不同的看法。据资料显示大致有两种倾向：一种是认为多模态是多符号，代表论述，如“交际和再现意义经常需要多种符号编码，即多模式，如图像、手势、身体语言等”。另一种是倾向于从感官上定义，代表论述如“多模态文本就是一段关于某项多模活动的含音频的视频流”。而也有学者关于多模态话语的论述“多模态话语如何识别？第一条标准是看涉及的模态种类有多少……第二条标准是看涉及的符号系统有多少……”又把二者联系到一起。由于所有语篇都是多模态的，我们需要注意对模态的理解可分狭义和广义。模态是感官，是狭义的；而模态又是符号，属于语言学的理解，是广义的；多模态符号不仅指不同的符号系统，还指同一符号的不同变体。同时，有学者提出了对多模态语篇的分类方式，即动态多模态语篇和静态多模态语篇，并将静态多模态语篇进一步分为单符号系统多模态语篇与多符号系统多模态语篇。这样，我们在具体的语篇分析过程中就有了清晰的理解和一致的标准，即模态就是符号形态，多模态语篇是多种符号资源整合的结果。

（二）多模态话语的产生背景

1. 感知模态产生

生命科学的研究成果告诉我们生命体在演化过程中逐步获得听觉、视觉、嗅觉、触觉、味觉五种不同的感知通道（Sensory Channel）：①靠耳朵获得的听觉通道（Auditive Channel）。②靠眼睛获得的视觉通道（Visual Channel）。③靠鼻子获得的嗅觉通道（Olfactory Channel）。④靠皮肤获得的触觉通道（Tactile Channel）。⑤靠舌头获得的味觉通道（Gustatory Channel）。这些通道都是生命体同周围环境进行信息交换的界面与路径。在残酷的物竞天择面前，这些感知通道能否相互作用，对周围的一切做出迅速而有效的反应，直接影响生命体的生存和繁衍。生物学家们认为，上述五种感知渠道的获得分别导致以下五种交际模态的产生：听觉模态（Auditive Modality）、视觉模态（Visual Modality）、嗅觉模态（Olfactory Modality）、触觉模态（Tactile Modality）和味觉模态（Gustatory Modality）。

在上述模态中，与话语分析关系最紧密的是视觉模态与听觉模态。近些年来，因科学技术的发展，触觉模态、嗅觉模态与味觉模态也开始应用于话语交际。这里仅仅以触觉模态为例，随着数据手套（Data Glove）的问世，人们可以依靠传递手指的弯曲角度，做出各种各样的三维手势，把语言与手势结合起来，从而使人机对话变成更接近于自然的人际对话。

2. 媒介、模式和模态的基础

在多模态话语分析中，模式（Mode）、媒介（Medium）、模态（Modality）三个词语经常出现。由于彼此之间在意义上有联系，界限不十分明确，容易造成混乱、误解，所以有必要说明它们各自的含义。一般来说，媒介指语言交际所使用的技术（Technology），从严格的语言学和符号学意义上来讲不能算是一个术语。模式指与系统功能语言学家所说的话语范围（Field of Discourse）和话语基调（Tenor of Discourse）并列的语境三要素之一的话语模式（Mode of Discourse），意指交流渠道（Channel of Communication）。比如书面模式（Written Mode）、口头模式（Spoken Mode）、电子模式（Electronic Mode）等。这些模式的使用和变化在一定程度上影响了信息的流动，最终影响其语篇性（语篇应该具备的特征）。模态与情态一样，英语都叫“Modality”，但两者所指并不相同。情态指的是语言系统中说话者对事物的可能性进行判断和对事物的必要性表明态度的语义系统，然而模态指的是交流的渠道和媒介，包括技术、图像、语言、音乐、颜色等符号系统。

多模态话语就其性质而言，我们认为是人类感知通道在交际过程中综合运用的结果。

因此，多模态话语分析不应该局限在语言学的研究范围，应该是跨学科的。事实上，经过十多年的发展，多模态分析已经超越了语言学的樊篱，扩展到符号学、人类学、哲学、社会学、新闻学、政治学、法学、心理学、医学和美学等领域，研究对象也从语言文字扩展到音乐、影像、图片、建筑风格和网页设计等多种社会符号系统上。多模态话语如何识别？这里，我们指出两个判断标准：第一，看涉及的模态种类的多少，这是当前语言学界普遍认可的标准。只使用一种模态的话语称作单模态话语，如使用视觉模态阅读小说或使用听觉模态收听新闻广播。同时使用两种或两种以上模态的话语称作多模态话语，也有人将同时使用两种模态的话语称作双模态话语。例如，使用可视电话进行交际时，交际双方都需要用眼睛看对方的表情变化和手势变化，用耳朵听对方的讲话内容；在日常生活中，我们使用手机交流时，需要用嘴讲，用耳朵听，用笔写信息，用手发信息；使用电脑上网时，需要用耳朵听文字的录音和图像发出的声音，用眼睛看屏幕上显示的文字和图像，在技术允许的条件下还可以用鼻子闻到电脑里发出的某种气味等。技术含量更高的是美国ATT贝尔实验室设计的Hu Ma Net系统，它能使异地客户在召开会议时同时获得数据、声音、文字和图像。第二，看涉及的符号系统能有多少。有些话语虽只涉及一种模态，但却包含两个或两个以上的符号系统。比如广播小说虽只涉及听说模态，但既有文字内容又有背景音乐；连环画虽只涉及视觉模态，但既有图画又有文字。我们也可把这些话语看作多模态话语。

二、理论基础与理论框架

（一）系统功能语言学与多模态话语分析

系统功能语言学最适合于多模态话语理论模式的研究，主要有以下三个方面的原因：第一，系统功能语言学不仅关心语言内部的运作机制，还研究语言外的环境与动因以及伴随语言实现意义的特征，即其他适合于不同模态的体现意义的媒体。话语的多模态性实际上包含在这个框架之内。第二，系统功能语言学把话语意义和功能放在首要位置，而非实现它们的符号系统。这样有利于我们更加全面地研究语言的符号系统，因为它不局限于一种符号系统，而包含实现话语意义的各种符号系统。这样就为多模态话语研究打开了方便之门。第三，意义的实现是以多模态形式进行的，语言只是这些形式中最有效的一种。即便如此，不同模态的话语会在不同的语境中有着不同的作用，这是不同模态媒体相互作用的结果，用系统功能语言学理论可把不同模态之间的互相作用放在同一个框架中进行。

人类利用符号来组织经验与思维，同人沟通，传递信息或感觉。任何事物不仅是自身的还是潜在的符号，代表不同于自身的他物含义。语言学是符号学的一个分支。因此，无论是语言还是其他的事物，都是一种社会符号，它们的意义都在于代表了不同于自身的其他含义。在韩礼德的系统功能语法中，语言实现了三大纯理功能，而且构成了行为潜势和意义潜势，表示了人们能做什么和能说什么，其他社会符号同样应该具有这样的社会功能。这也可以说是多模态分析比照系统功能语言学三大功能的依据之一。

多模态分析中，模态指的是交流的渠道与媒介，包括技术、图像、语言、音乐、颜色等符号系统。多模态指的是除了文本之外，还带有图表和图像等模态的复合话语。

语言功能分为人际功能、经验功能与语篇功能，分别体现人际沟通、语言表述经验事实与语篇衔接的作用。语言的一个很重要的特征就是其系统性。词汇语法层通过横组合与纵聚合形成一个“能说”的系统，而“能说”系统实现了“能指”的系统。语言实际上构成了一个“意义潜势”的系统，它实现了更高层面的社会符号意义——行为潜势，即人们能用语言做什么。在说明语言这种社会符号性的同时，韩礼德还提出了在人类众多的交流方式中，语言只是社会符号之一。

图像作为社会符号学的一种，同时是一个选择的系统。图片包括什么、不包括什么，都是“选择”的结果，而这些选择体现了其意义潜势，在不同的社会语境下实现其社会功能。图片与语言的不同只是意义的表达方式不同。图片是靠矢量来体现经验功能的，通过矢量构造出的符号来反映出符号生产者、接收者与被表现事物之间的特定的社会关系，而它的语篇功能则是在各种元素内在和外在的整合中体现的。图片并不是简单地重现“现实”，相反，它们产生的图像与生产、传播和阅读它们的社会机构的利益是紧密结合的。

图片是带着意识形态的。我们在对图片进行三大功能的探析时也带上了意识形态的烙印。

（二）行为理论和多模态话语的分析

除了用系统功能语言学分析多模态话语，还有学者尝试用其他理论来分析多模态话语。其中有代表性的是施康隆的介入性语篇理论（Mediated Discourse Theory，MDT）① 和顾曰国的实时语篇分析②。他们的研究都以行为理论为基础，同时为多模态语篇的分析提供了不同的理论分析框架。

介入性语篇理论是施康隆在结合跨文化交际、交际社会语言学与社会文化心理学等相

①施康隆．汉英篇章对比研究［M］．北京：外语教学与研究出版社，2000．

②顾曰国．利奇的修辞学理论［J］．外语研究，1992（4）：5．DOI：CNKI：SUN：NWYJ．0．1992-04-002．

关学科的基础上提出的话语分析理论。此理论尝试着把人们的行为与话语有机结合起来进行研究，弥补话语分析理论忽略了行为研究、社会学理论又忽略了话语研究的缺陷。传统的话语分析把话语或篇章作为分析的单位，而 MDT 把介入性行为作为基本的分析单位。施康隆将介入性的行为定义成“被当作介入手段或文化工具的社会行为”，介入性手段则指的是“任何被用来对社会行为起介入作用的符号对象”。诺里斯（Norris）在施康隆的理论基础上从动态语篇角度建立了多模态分析框架，同时将介入性的行为视作其分析的单位，并把介入性的行为分为低水平行为与高水平行为，用模态密度来描绘构成某一具体高水平行为的模态的强度与复杂性①。

顾曰国是另一位受行为理论影响建立了多模态话语的分析框架的学者，他指出从内容层与媒介层两个方面分析多模态语篇。他以航空乘务员为乘客服务为例，说明了内容层即“服务的具体动作”，而媒介层是通过这一动作发生的持续时间及反映在时间轴上的帧数来体现的。这样，两者合成后形成了多模态文本。此外，他将多模态语篇分为社会心理层与个人行为层。社会心理层从上至下包括活动类型、社会情境和任务插曲；个人行为层包括行为、谈话及言外行为的语调单位。同时，顾曰国用自己的多模态分析框架，整合了角色建模语言，对多媒体、多模态学习提出了结构化数据建模的思想，并以此为基础构建背景现场的即席话语多模态语料库。

受行为理论影响的多模态话语分析理论和在系统功能语言学指导下的多模态话语分析理论之间几乎无沟通。其实，此两大阵营在研究的目的上并不矛盾，只是因构建角度的不同致使各自源理论不同。本书所采用的多模态视角重心是两者结合的共同部分。主要有以下原因：其一，从多模态视角出发，并非舍弃以往只研究英语口语转化文本的传统，而是兼顾从不同的模态研究文本以及文本以外的内容，如学习者在英语口语交际过程中的非言语行为。从这一点而言，本章既参照系统功能语言学中话语多功能性原理，也参照行为理论中研究话语以外的部分内容的原理。其二，在分析多模态视角下口语交际能力时，不仅要与系统功能语言学框架体系中的形式层面与媒体层面的内容紧密结合，还要结合行为理论中角色建模的研究方法，以便得出新视角下的某些未被发掘的特征。其三，系统功能语言学指导下的多模态研究往往通过多种媒介交织而形成的信息给人以多种感官映射，而行为理论下的多模态研究主要通过“内容层”与“媒介层”共同编织多模态文本，直接反映了人的行为。从这一层面来看，本研究不仅要通过多模态文本来研究各模态之间的交互

① 王雅楠. 动态多模态视角下在线课程中英语写作课程的对比个案分析［D］. 西北师范大学［2023-09-06］. DOI: CNKI: CDMD: 2. 1015. 653310.

作用，也要研究多个模态所体现出的对学习者行为进行的多感官特征折射。综上所述，就研究的内容与目的而言，以系统功能语言学为理论基础并以行为理论为指导的多模态话语分析框架的综合体可以成为我们的理论指导。

（三）多模态话语分析下理论指导框架

法国著名符号学家罗兰·巴特（Barthes）是最早系统地分析多模态语篇的学者，他以符号学为视角，因此多模态语篇分析一开始就被打上了符号学的印记①。多模态话语分析既打破了传统的单一的言语信息的桎梏，又融入更多领域的研究，如心理学、社会学和认知学等。辛志英总结了当前多模态话语分析的主要流派，即交互社会学流派、认知学流派和社会符号学流派。在语言学界中，活跃在多模态话语分析领域的中坚力量一直是系统功能语言学家，他们以社会符号学为基础，以功能语法为理论基础，认为图像和声音等非语言模态作为符号资源在意义构建过程中同语言具有同样的功能作用，并将传统的分析语言理论拓展应用到非语言模态的分析中，最具代表性的为克瑞斯和勒文的“视觉语法”②。

通过回顾相关文献，国内学者已对多模态话语分析的基本理论框架及分析方法有了系统的认识，但主要还是介绍与引进国外相关的研究，对如何进一步发展与完善这些理论仍然没有进一步的研究。

系统功能语言学为多模态话语分析提供了相对现成的理论框架。即在语境层面和话语意义层面，单模态的语言交际同多模态话语交际并无什么差别。利姆（Lim）在研究图画和语言形成的多模态话语时提供了一个框架。在框架中，语言和图画作为交际模态共有语域、意识形态、话语意义和体裁四个层面。在内容层，图画有视觉语法，语言有语言语法；在表达层，图形由图形符号所体现，语言由印刷符号所体现。最主要的研究领域是整合内容层面与表达层面，特别是内容层面的研究。

多模态话语的最佳理论模式是系统功能语言学理论，因为它无须为适应新的目的而改造理论框架本身。虽然多模态话语分析似乎扩大了它的研究范围，但系统功能语言学的理论本身不需要做任何改动，就可以直接作为它的理论框架。这个框架主要由五个层面的系统组合而成，分别是：文化层面，包括作为文化的主要存在形式的意识形态与作为话语模式的选择潜势的体裁或体裁结构潜势。语境层面，包括由话语基调、话语范围和话语方式组成的语境构型。意义层面，包括由几个部分组成的话语意义及谋篇意义、人际意义和概

---

①徐雁华. 基于罗兰·巴特符号学思想的对外汉语课堂研究［D］. 南京师范大学，2018.

②江雪. 从多模态话语分析的角度研究《新闻直播室》字幕翻译中的人际意义［D］. 外交学院［2023-09-04］. DOI：CNKI：CDMD：2. 1018. 816037.

念意义。形式层面，即实现意义的不同形式系统，包括语言的词汇语法系统、视觉性的表意形体和视觉语法系统、听觉性的表意形体和听觉语法系统、触觉性的表意形体和触觉语法系统以及各个模态的语法之间的关系。它们分为互补性和非互补性两类：互补性包括强化和非强化两类；非互补包括内包、情境交互/交叠和增减。媒体层面，即话语最终在物质世界表现的物质形式，包括语言的和非语言的两大类。语言的包括纯语言的和伴语言的，非语言的包括身体性的和非身体性的。身体性的包括手势、身势、面部表情和动作等；非身体性的包括工具性的，如实验室、网络平台、实物（投影）、PPT、同声传译室、音响等。

第二节　多模态话语在英语课堂教学中的作用与教学模式的构建

一、多模态话语在英语课堂教学中的作用

（一）多模态话语理论在英语教学中的运用

1. 利用多模态话语构建英语课堂

根据多模态话语理论的要求，英语课堂构建要通过利用音频、图片、文本、食品等各种教学资源来实现，充分展现教学资源的多元化特点。相关研究表明：学习者在学习过程中通过各种感觉器官接收信息，经过大脑处理，再经语言进行输出。学习的过程是各种感觉器官相互配合、通力协作的过程。因此，在教学中，教师要根据多模态话语的互动教学理论，利用各种教学设备激活学生的思维，引导学生从多个角度理解和分析英语知识。

2. 基于视觉符号的视听教学

多模态话语理论是利用两种以上感官教学的理论，通过视觉符号的视听教学是英语教学的一种多模态话语教学模式。视觉图像可以将画面生动地再现，增强学生的视觉效果。具体的视听教学方式可从语料选取、课堂实施和能力评价三个方面着手。

语料选取：视听教科书种类很多，选择不当不仅不会提高学生的学习效率，反而会分散学生的注意力。视听材料的选取要以实用性和真实性为原则，如学术报告、话题访谈等，应尽量避免冗长的材料。

课程实施：互动形式为“教师—试听语料—学生”，教师首先要激发学生对听力的兴趣，然后展示视觉符号。课堂实施中，教师要充分利用会话形式，交互呈现视觉、听觉、文本等模态，利用文字、图片、视频等方式传递信息。

能力评价：除了检验学生有关音频输入的能力，教师还应对听力材料中的背景知识、表情动作、语音语调等因素的再次重现进行精心的模拟考核，这也是多模态试听能力的培养目标之一。

3. 基于多模态观点的阅读教学

个体的识读能力可以分为文化识读能力和技术识读能力两种。文化识读能力是指对文字的理解以及对文化内涵的把握能力。技术识读即对各种多模态信息识别、理解的能力。阅读教学中，教师除了对学生进行文字模态的教学内容外，还应强化学生识别非文字模态的能力，比如文章中的黑体字、斜体字、主标题、副标题以及特殊标点符号等。此外，对于一些不容易用语言表达清楚的内容，还可以通过图表、简笔画的形式进行表达。

（二）教师多模态元话语对教学效果的影响

元话语是发话人引导听话人积极对话语内容做出反应的方式方法，其以听话人为中心。课堂中教师积极使用多模态元话语组织课堂教学，通过多模态元话语的使用与学生建立和谐的课堂氛围。和谐的课堂氛围有利于学生的脑力劳动，进而提高课堂教学效果。有效运用非语言符号元话语，可以辅助、补充言语符号元话语的表达意义，增强话语的自然性与交际性；合理使用教学环节示范语，可以确保教学步骤的明晰；恰当运用话题信息连接语，能够提高命题信息的连贯度；积极运用注释换言阐明语义，可以促进命题信息的理解；积极运用信息来源链接语，能够提高命题信息的可信度；积极运用信息指向标记语，能够明确所指命题信息；适当运用信息明确增强语，能够明确信息内容；主动运用鼓励标记语，能够鼓励学生积极参与课堂活动；积极运用交际主题召唤语，可以与学生产生共鸣；正确运用情感态度评价语，能够激发学生学习热情；善于运用自我提及称呼语，可以促进师生互动，和谐课堂氛围。

多模态语境下影像、图片演示性教学是指在教学设计过程中把包含两种及两种以上符号的系统资源制作成 PPT 课件供课堂教学演示的教学模式。PPT 演示属于多模态话语范畴，是通过多种符号资源内部的互动来实现意义的复合话语。随着计算机和网络技术的日益普及，多模态 PPT 作为最富有现代化特色的教学手段，越来越受到教师和学生的青睐。作为语言习得发生的基础和前提，语言输入已被各种技术手段在听觉、视觉、感觉等各种模态中予以强化。在学生学习过程中起主导作用的是听觉模态和视觉模态。听觉是主模态，主导交际的进程；而视觉模态则对听觉模态起强化和补充作用。从记忆理论来讲，大脑皮层接收触觉、嗅觉、动觉等各类细胞都具有“记忆作用”。如果在记忆某种材料时，能同时调动多种非分析器执行记忆服务，就会大大增强记忆效果。这是因为用这种方式记忆材料时，可以把眼、耳、口、手等多种感觉通道利用起来，接收来自不同感觉器官的信息，在大脑皮层留下很多“同一意义”的痕迹，在大脑皮层的视觉区、听觉区、动觉区等建立起多通道的暂时神经联系。然后，经过大脑把各种感觉到的材料进行加工，使它们在大脑皮层留下深刻的痕迹。无疑，用这种方法记忆，比单纯地用耳听、用眼看、用嘴读或用手写的记忆效果要好很多，它将大大地延长人们的记忆时间。因此，现代多媒体技术提供了录像、图像、声音作为学习的实际环境，使学生易于理解和记忆；经常使用可以达到补充强化教学内容、吸引学生注意力、激发学生学习兴趣、易于学生理解等教学初衷。

（三）多模态话语理论在英语教学中的作用

1. 激发学生的参与积极性

多模态话语理论中的非语言因素对于信息的传递以及意义的建构起着不可小觑的作用。这些非语言因素主要包括：伴语言特征，如语调、声调、音响度等因素；身体特征，如表情、手势、动作等因素；非身体特征，如设备、环境和网络等因素。在多模态的教学方式下，教师利用图像、音频等方式对语言知识进行多角度的诠释。例如，单词课上，教师可以播放含有目标单词的英文歌曲及电影视频，吸引学生注意，加深对单词的记忆。多模态教学环境下，文字、声音、图像等因素的相互作用对提高学生英语学习的积极性具有举足轻重的作用。

2. 提升学生的学习兴趣

多模态话语理论能够通过视觉和听觉实现场景互动的功能，采取“教师—试听语料—学生”三方互动的形式，刺激学生的相关感官，生动传递并强化知识重点，丰富课堂教学内容，加深学生对知识的理解。例如，教师通过具有感染力的语言描述以及肢体动作，同时采用背景音乐渲染气氛，使英语学习变得生动有趣，充分激发学生对英语学习的兴趣，从而提高教学质量，加强英语课堂的学习效果。

3. 提高英语教学效率

教学过程中使用多模态话语理论，可以将学生的各种器官调动起来参与英语学习。多种感官同时对大脑皮层神经进行刺激，有利于学生对英语知识的理解和记忆，从而优化学习效果。例如，在课堂中充分利用幻灯片或投影仪等多媒体设备，通过声音、语言、动作和图像等资源实现交际，营造声、文、光、色与图的互动式教学氛围，以刺激学生对英语学习的欲望，提高学生的主观能动性，从而提高英语教学效率。

4. 强化学习记忆

在英语课堂中运用多模态教学模式，可以强化学生的学习记忆，并提高记忆的持久性。经大量的实践研究证明，记忆与获取信息的模态有着密切的联系。而多模态的课堂教学模式注重多种感觉器官并用，恰恰可以帮助学生提高记忆的持久性，使学生对词汇、语法等内容的记忆更加牢固，从而提高学生的记忆效果，提高课堂教学质量。

5. 促进知识内化

在课堂中运用多模态的教学模式，可以将文本的内容生动、活泼地呈现出来，有利于营造真实的语境。在课堂学习的过程中，学生可以亲身接触到不同形式的规范英语，使英语贴近自己的生活，而真实的语言环境可以促进学生摆脱母语的束缚，提高大脑对英语的综合反应能力，便于学生对英语知识的理解和吸收，有助于英语知识的内化。多模态的课堂教学模式要求语言与文化紧密结合。视觉、听觉模态的融合加之语言与文化的自然结合，会让学生在声情并茂的故事表述中不自觉地吸收着英语知识，并将其内化。

6. 提高语言运用能力

多模态在英语课堂教学中的应用，可以提升学生的听、说、写能力与英语表达能力，从而提高学生对英语的综合运用能力。例如，英语试听课上运用视频语音教学。学生通过视觉模态与教学视频的互动，在视听学习中获得直观性和体验性，通过视听路径获取语言信息，然后通过语音系统进行口语表达，以团队制作的形式运用计算机设计功能，融合图片、表格、视频短片符号模态展示观点及看法，在这个互动的视听说过程中，学生的英语综合运用能力得以提高。这种体现性的学习模式符合隐形教育模式的理念，让学生在不知不觉中获取知识，并提高自己的英语综合运用能力，从而提高课堂教学质量。

综上所述，多模态话语分析基于系统功能语言学，将语言学、图像、声音、动作等都看作意义的源泉，一样具有系统性、多功能性。英语精读教学中，通过协调各个模态或同一模态中不同符号之间的关系，可使教学更加顺利、有效地完成。但是也要注意模态的适当使用，避免出现抵消和排斥的现象，影响教学。

二、多模态话语语境下英语教学模式的构建

（一）多模态话语语境“3-Class”教学模式

3-Class，是“Before-class，In-class，After-class”的缩写，是一种将课前、课中、课后在时间上有效衔接、在内容上有机结合的全新立体式教学模式。其结构为：①Before-class 阶段，教师应做好精心准备，将与备讲课程相关的内容，尤其是重点、难点知识，作为预习任务提前下达给学生；学生应认真预习，按教师要求高标准、高质量地完成预习任务，为顺利进入下一阶段学习奠定基础。②In-class 阶段，即教师授课阶段，教师将单元知识讲给已经做好课前预习的学生，让学生充分理解和掌握知识。该阶段为 3-Class 教学模式的核心环节，要求教师充分备课、熟练精讲、精神饱满，务求实效。③After-class 阶段，教师应根据本单元所学知识，为学生提供课后拓展补习资料，对课后学习情况进行跟踪、指导、评价。在落实 3-Class 教学模式时，教师务必做到周密设计、精心组织，切实达到有效衔接、有机结合的立体化、全方位推进的良好效果。

3-Class 教学模式形式新颖、创新性强、互动良好，极大地提高了学生的学习兴趣，增强了学生学习的主动性。首先，课件内容源自教科书却又高于教科书，利用高科技条件，分单元设计，实现了形式新颖的创新教学模式。其次，教学设计方面，熟练运用任务、情境等多种教学方法，增设模仿、猜谜、连线等情节，互动效果极佳。再次，课件包容性强，内容丰富；运行顺畅，不会出现“死”“卡”“慢”等现象；运用操作也非常快捷简便。最后，课件界面布局合理，颜色搭配协调，动画设计新颖、活泼，视觉效果好，符合教学风格，能够满足学生学习心理。尽管多媒体课件方式教学已经普及，但对英语教科书进行多模态话语分析，并利用高科技手段实现多模态化教学却是教学法研究的新领域，也是学校、教师需要探讨的新课题。

（二）多模态话语语境英语翻转课堂教学模式

1. 翻转课堂定义

翻转课堂（Flipped Classroom 或 Inverted Classroom），是指教师将所授课程录制成视频资料供学生课前预习，在课堂上教师不再详细讲解课文而仅答疑解惑的一种翻转传统的教学方式。翻转课堂的方式最早是由美国科罗拉多州的两名高中教师为缺勤的学生补习而尝试采用的，后被推广。翻转课堂的实施，是对课堂教学方式的重大变革，《环球日报》《华尔街日报》等各大主流媒体都曾对这种教学模式做过专题报道，相关教育专家对其给

予高度赞赏。

传统的教学模式为：学生在课堂上听取教师授课内容，课后进行复习、巩固，以加深理解、全面掌握。翻转课堂则翻转了传统的教学方式，它是教师在课前先以视频方式录制好授课资料，让学生用于课前学习；课堂上，教师仅对学生的预习情况进行检验、指导、答疑和互动交流，使学生在课堂上完成传统课后的任务，实现学习知识的前移，从而全面掌握所学内容。

2. 翻转课堂教学模式

此模式根据课上的学习内容及技能培养的方向确定学生自主学习的内容。教师课前对要使用的多媒体辅助自主学习软件的设置，可以满足不同语言能力的学习者的需求，一般根据班级学生学习的具体程度可设置为 level 1、level 2 和 level 3 三个层次，学生在课后可自主进行选择，真正实现翻转课堂。同样，在课后的自主学习内容的设置上，教师也要充分考虑到课上无法完成的练习部分，把这部分内容也搬到课后自主学习的翻转课堂上。通过练习，教师找出学生出现问题的共性部分，在课上教学中加以强调，以便更好地完成教学目标。翻转课堂的自主学习过程，教师是可以步步监控的，选择优质的外语学习软件，通过软件提供的项目，如日学习时间、周学习时间统计、任务完成情况、与教师沟通情况等，教师能够更好地检查学生课后学习的情况，这种监控是以往的教学模式和教学手段无法实现的。

任课教师将翻转课堂学习情况在课堂教学的过程中做阶段性总结，并对学生存在的共性问题在课堂上解决并进一步巩固，保障课上课下的同一性；对个别性问题，教师可以进行课下的个性化指导。外语课堂上经常进行的“头脑风暴”（Brainstorm）活动，在课堂上进行将会浪费大量的时间，而且在学生没有任何心理和知识输入的情况下进行“头脑风暴”，效果并不是很理想，因此“头脑风暴”这部分活动完全可以提前在自主学习平台上发布上课要进行的任务，让学生在有准备的情况下，到课堂上进行此项任务，这样既能够节约课堂宝贵的时间，又能够更好地让每个学生参与到与本单元主题相关的各项活动中来。翻转课堂上提供的影像资料，有的比较难理解，教师可以在课堂上对部分内容进行讲解；通过座谈了解，学生对翻转课堂中的视频、音频等学习内容很感兴趣，但他们反馈，希望得到教师在课上的讲解及帮助。教师对这部分的处理可以通过以下方式进行，根据需要可以给学生写出“总结”（summary）“提纲”（outline）或“节细”（details）。

经过自主学习、课堂学习的阶段，学生的单元任务基本完成，但整个学习过程并没有完成，仍然需要课后巩固，保障学习效果。课后的巩固学习共分两个部分：一是教师布置的课后学习任务；二是学生根据自己的学习情况进行的查缺补漏。课下巩固的主要环节之一是单元测试，通过多媒体辅助教学软件，可以对语言学习的各个技能进行检测，并给学生做出反馈及对错误题型给出同类型的再次测试，教师在网络平台可以随时为学生提供学习指导，更好地发挥自身的主导作用。在课下巩固这一环节，可以设置一个学生学习的反思部分，让学生对学到的知识进行梳理，对尚未熟练掌握的技能有所了解，在下一个阶段的学习中继续努力，通过不同阶段学生的自我反馈信息，让学生对自己整个学期的学习做出个人的形成性评价。

（三）多模态话语语境英语实践课教学模式构建

在任何学科的教学过程中，教师都不能缺失对学生文化素质的培养。任何以牺牲对学生文化素质培养的教育都是失败的，在外语教学过程中，教师尤其要注意到这一点。外语教学可以涉及丰富的知识内容，为学生的个性发展提供思维空间，充分发挥学生在教学过程中的主体作用。英语实践模拟课能够大大提高学生学习的自觉性，充分发挥学生学习的主动性，增强学生的参与意识和竞争意识，使学生参与到英语学习的全过程（即预习、学习和复习的各个环节），大大提高学生学习的连贯性和学习效率。如何在完成规定教学任务的前提下，给学生更多实践语言的机会，对于提高他们的语言应用能力至关重要。

同时，开设实践模拟课对于教师业务能力和教学方法的提升起到了推动作用。

（四）多模态话语语境下体验式英语教学模式构建

1. 体验式英语教学模式的概念

体验式英语教学模式，指的是在英语教学中，以学生为主体，以教学任务为主线，以计算机、网络信息、多媒体技术为依托，让学生通过具体体验的方式来了解和掌握语言，并将其与实际紧密结合，从而将语言运用到现实当中的一种英语教学模式。该种教学模式，以传统教学模式为基础，增设了课前设计、课堂真实情境体验、课后指导练习等环节，是教育改革的一种创新尝试，是适应现代英语教育的一种全新体验。

2. 体验式英语教学模式的基础

学习是一个认知的过程，通过观察、聆听、接触等方式收集和处理外部信息，可以逐步达到理解和掌握知识的程度。体验式教学，将处理信息的方式再加一道环节，即增加自主体验，通过体验提高学生自主学习的能力，增强学生学习的主动性，从而建立以学生为主体的新的教学模式。该模式的建立符合人的认识理论，对培养学生自主学习、积极参与、勇于实践等方面的能力大有益处。以学生为主体的体验式英语教学，必须有适合学生体验的环境基础，而以计算机和网络信息技术为支撑的教学手段能够有效弥补传统教育的不足，为体验式英语教学创造良好的环境基础。信息技术所提供的多模态模式，有利于激发学生的学习热情；它创设的直观环境，有利于增进学生的学习兴趣；它载入的丰富教学资源，有利于增长学生的阅历和知识。教学的方法决定教育的成败。传统教育注重的是"教"，而体验式英语教学模式重视的则是"学"。体验式英语教学，通过改变侧重点和主体的方式，能使学生在学习过程中，通过完成任务、扮演角色、交际交流等方式，实现情感体验、角色体验，从而培养学生开展外语实践的综合能力。

3. 体验式英语教学模式的优势

通过真情实景和具体运用，使学生理解、掌握学习内容，从而学会如何运用，而不仅仅是孤立地学习某种语言。这种教学模式以实际应用为原则，呈现了当代英语教学模式的新思路，值得大力倡导。利用现代的计算机网络和媒体信息技术为载体开展的教学，有效地提高了学生的听、说、读、写和实际应用语言的能力。充分培养学生自主学习的意识，变"要我学"为"我要学"，通过主体转变，大力培养学生的主动性、积极性思维，以切实地达到培养目的。

体验式教学模式作为现代英语教学的新模式，充实和完善了传统教育理念，创设了具体操作规范，在具体应用中，应注意加强以下几个方面工作。

全面贯彻体验式教学原则，既围绕课文又不局限于课文开展课堂设计。①完成好课前素材的准备，教师在备课时要收集大量的语言、文字、故事、地理等与课程相关的素材，将这些素材以多媒体课件形式予以体现，便于学生开展自主课前学习。②在课堂上教师要当好导演，充分调动学生的积极性，发挥好情境作用，让学生体验好每个角色，教师及时并有针对性地开展点评，便于学生把握和提高。③安排好课后练习任务，学生根据教师布置的任务，结合课堂体验的感触，完成相应的练习，以使所学知识和技能得以巩固和提高。同时，教师要注意充分利用计算机和网络现代信息技术，特别是运用好网络这个载体，鼓励教学形态多模态化。在硬件建设方面，搭建和完善信息网络平台，创设自主学习中心；在软件建设方面，充分运用多媒体技术，开发、制作出大量品质精良的多媒体学习资料，创设优美的网络自主学习环境，促使学生产生浓厚的自主学习兴趣，为学生利用信息技术学习提供条件，将学习延伸到课外。

传统教学方法是"讲解—复习—运用"，以讲为主；体验式教学则是以学生自主学习为中心，故而应充分发挥好任务驱动的作用，使学生通过完成任务达到熟练掌握新知识的技能。根据教学目标和任务要求，在教学过程中，教师应充分设计丰富多彩的活动，采用游戏、互动、交流、辩论、角色扮演、情境表演等有效方式使学生多体验、多感触，以提升学生强烈的参与意识，并培养学生积极主动的学习心态。根据现代评估理论的要求，对于英语教学的评估，应该既对教学过程进行评估，也要对达到的结果进行评估，所以应将评价与体验式教学有机结合，方能达到教学目的。建立多方面、多角度、多手段、全方位的评价系统，将教师的教学与学生的自学结合起来评价，设置课程设计、课前学习、课堂参与、课后作业等评价内容，采取打分式、讨论式、反思式、互评式等评价手段，及时总结经验，不断提升体验式教学效果。

体验式英语教学模式，是当代教育改革的创新形式，是适合于英语教育的一种全新教育模式，该教育模式的充分实施，将会有效提高学生自主学习的主动性，有效激发教师课程开发和设计的积极性，符合英语教学的总体目标，符合培养学生的根本目的。

第三节　认知理论视角下的多模态英语教学模式

一、当代认知理论与教学思想的融合

（一）当代认知理论

认知心理学于 20 世纪 50 年代兴起，它以信息论、系统论、控制论、计算机科学和心理语言学为基础，采用信息加工的观点解释人的认知过程，给许多心理学分支尤其是教育心理学带来了巨大的影响，在当前的心理学思潮中占据主导地位。同时，认知心理学以其丰富的研究成果逐渐形成了自己独有的内容体系，一切对认知或认知过程（包括感知觉、注意、记忆、思维和语言等）的研究统称为认知心理学。这门科学以信息加工为核心，将人脑与计算机进行类比，所以又称为信息加工心理学。

认知心理学中的信息不同于信息的经典概念，也就是我们日常所说的音讯或消息，也不同于现代计算机科学中数据和文本两类信息的概念。认知心理学中的信息是指认知主体从环境刺激或决策与选择中得到的表征。一类信息源于外部环境的变化、环境的数据或资料的增减会通过主体感官引起主体感知信息的变化，据此分为视觉信息、听觉信息、体觉信息、空间和时间信息等；另一类信息源于认知主体长期经验所积累的知识储存。这些知识作为信息在存储或提取过程中有不同的表征形式，分为描述型知识和程序性知识，前者是关于事物及其关系的知识，包括对事实、规则、事件等信息的表达，可通过口头语言或书面语言描述出来；后者是关于完成某项任务的行为或操作步骤的知识，难以描述，只能

在个体操作过程中表现出来。认知过程就是指信息输入、编码、储存、提取、输出的加工过程。其间主体大脑内不断进行着编码和解码的信息加工，这一程序从简到繁，低层次的感知觉信息流向高层次的知识表征或影响运动和动作意向的决策信息；高层次信息包含低层次信息，例如记忆信息的过程分为信息的获得、保持和提取等不同的子过程。信息流的动力学原则表现为信息加工的阶段性，同时信息加工还指变换信息的表征形式及其阶段性变换，加工方式通常分为两类：一类是自上而下的加工和自下而上的加工，另一类是串行加工和并行加工。

认知心理学的发展出现了一个新的研究课题——元认知（Metacognition）。美国著名儿童认知心理学家约翰·弗拉维尔在对儿童记忆能力的研究中提出了元记忆的概念，并以此为基础进一步演化出元认知理论模式①。他对元认知的定义是：元认知是认知主体为完成某一具体任务和目标，根据认知对象对认知过程进行的主动监测、调节和协调的过程。通俗地讲，主体大脑中的认知加工活动并不是简单的输入和输出，而是随着知识经验的积累和成熟，人们逐渐了解并学会了控制它们，这就是元认知。但是，关于元认知概念的界定心理学家各持己见。有人认为，元认知是跳出一个系统后去观察这个系统的认知加工；有人认为，元认知是明确地专门指向个人的认知活动的积极反省的认知加工过程；但多数人认为，元认知是对认知的认知，是个人对自己的认知加工过程的觉察、自我评价和自我调节。

按照弗拉维尔的元认知理论模式，元认知由元认知目标、元认知知识、元认知体验和元认知监控四个部分组成。其中元认知知识、元认知体验和元认知监控三者构成了相互依存、相互促进的关系。首先，元认知知识是元认知监控和元认知体验产生的基础。其次，元认知体验可以激活和修正元认知知识，也可以监控和调整元认知策略的使用。最后，恰当的元认知策略的使用能够通过增强元认知体验来充实现有的元认知知识。

随着跨学科的发展，当代认知理论不断渗透教学领域，形成一种新的认知教学思想，这对于促进学生素质的全面发展、提高教学效率具有重要意义。

（二）认知教学思想

传统的教学受行为主义影响，侧重以结果为中心、以教科书为中心和以教师为中心。行为主义认为，教学过程涉及的因素只有两个：一是教育者的教学操纵，二是学习者的结

①杜晓新. 记忆研究的新领域——元记忆研究［J］. 心理科学，1991（3）：7. DOI：CNKI：SUN：XLKX. 0. 1991-03-007.

果操纵。前者是指呈现给学生的刺激特点和强化方式，后者是指学习者对刺激材料所做出的反应，两者都是外部可观察的事件。教育心理学的任务是研究教学操作对结果操纵的影响方式，并探讨二者之间的关系。同时，行为主义认为，结果操纵由教学操纵决定，这种观点完全否定了学习者自身素质、学习方法等内部因素的作用，把学习者看作消极被动地接受外部环境的强化，因此也就导致了传统教学思想上的误区。当代认知理论不仅重视教学操纵和结果操纵等外部事件间的关系，更重视外部事件与内部事件间的联系，还注重研究内部的认知过程和结构如何影响教学操纵和结果操纵间的关系、不同的教学方法怎样影响认知过程的结果，从而影响学生的外部行为表现，把教与学结合在一起，既重视教师的教，又重视学生的学。根据教育心理学家加涅的观点，教是用来激活和支持内部学习过程的外部事件的安排，学是由于经验引起的学习者的知识变化。

认知派教育心理学家的研究目标集中于教学环境和学习者的特征如何相互作用，从而导致学习者的认知能力增长。因此，认知教学理论包括三个主要论点：加工过程论、认知结构论和学生中心论。

1. 加工过程论

认知心理学把人脑的功能类比为计算机的运行程序，认为认知过程即信息加工过程。认知理论关于教学的研究主要探讨不同的教学方法如何影响学生的认知过程，从而影响学生的学习结果，而不像行为主义那样仅限于研究教学操纵和教学效果的关系。经典研究表明，认知加工过程是影响学习效果的直接因素，不同的学生，听同一位教师讲课，或是阅读同一篇课文，由于学生思维的加工水平不同、理解不同，学习效果自然也就不尽相同。教科书、教学方法和奖惩措施只是影响学生学习效果的间接因素。

在加工过程论思想的影响下，认知策略和学习策略的研究日益受到重视。加涅认为，认知策略是指学习者调节自己的内部注意、学习、记忆与思维过程的各种技能。布鲁纳把认知过程视为最重要的教育目标，认为确定信息加工的阶段和顺序，有利于建立合理、准确的学习模型和总结有效的认知加工策略。如前所述，弗拉维尔提出的元认知概念不断渗透教学领域，使认知教学策略不断深化。元认知策略涉及个体在运用一般认知策略时对必要的计划、监控和调整进行自我调节，是运用认知策略不可或缺的重要组成部分。弗拉维尔将认知性策略分为两类：具备性缺陷和应用性缺陷。前者指学生缺乏认知策略，后者指学生不知如何使用已有的认知策略。这就要求教师在教授一般的认知策略时，应及时讲授元认知策略，使两者形成自然的延伸，教会学生如何有效地控制、调节自身的学习活动，以取得良好的学习效果。

2. 认知结构论

当代认知理论不仅重视认知过程，还重视认知结构，加工水平的深度是认知结构的一个重要方面。根据奥苏伯尔的观点，学生有意义的学习就是把新知识和原有的知识联系起来，并把新知识纳入学习者原有的认知结构之中。他说："富有意义的新思想是通过把它们归类到一个已存在的认知结构中去才被学会的。[①]"加涅认为，学习者必须能够进行信息加工，将理解的刺激转变为有组织的网络结构，而且要具有加工深度。言语信息是要被结合到一个较大的命题结构中去才能被学会的，加工水平越深，学生对知识的理解越深刻，掌握得越好[②]。学生头脑中的知觉表征方式是智力活动的结果和认知方式的体现。认知结构与教科书的知识结构不同，主要表现在以下几个方面。

（1）信息的表征方式不同。主体头脑中的知识多以语义方式简约表征，以直观方式储存，而教科书中的知识主要通过语言文字来表述。布鲁纳将儿童的认知图式划分为动作表征、形象表征和符号表征三个水平，认知理论认为信息在大脑中的编码可在不同水平上产生。

（2）信息的构造方式不同。头脑中的知识是非线性的，具有一定的层次网络结构，信息在头脑中的构造方式因人而异，专家倾向于依据高级原则组织知识，而初学者则依据表面特征以零散、孤立的方式储存知识。

（3）知识的完备性不同。教科书中的知识是完备的、系统的，而头脑中的认知结构在遗忘规律的作用下常出现漏洞。传统的教学方法相对注重教科书的知识结构和逻辑结构，而当代认知理论则重视认知结构的研究。研究学生头脑中认知结构可为改革当代教学方法提供科学依据。布鲁纳强调课程应偏重于学科的结构。他说："不论我们选教什么学科，务必使学生理解该学科的基本结构。"同时他给出了阐述这一观点的四点理由：教给学生学科的基本结构可使学科更容易被理解；把知识放进构造得很好的模式里面更容易被记忆；学习一个模式，有助于理解可能遇到的其他类似的事物，是通向适当训练的迁移大道；学科结构能缩小高级知识和初级知识之间的差距。

3. 学生中心论

认知教学理论强调认知因素直接影响、决定学习结果和效率，认为已有知识或认知结构是学习的必要条件，如果没有预先存在的、可利用的、清晰的认知结构就不会产生有意义的学习。学习时学生必须善于把新知识纳入已有的认知结构进行深水平语义加工，才能

①边玉芳. 有意义的接受学习——奥苏伯尔的先行组织者认知实验［J］. 2013.

②陈杏友佩. 从加涅"信息加工"理论看数学学习的迁移［J］. 课程教育研究，2017（24）：2.

理解和掌握新知识。因此，认知加工深度和策略是决定要学到什么的充分条件，教科书、教法、环境条件和社会影响等外部条件都是影响学习的间接因素。既然学生的学是决定学习结果的直接因素，那么学生主体作用的发挥就成了当代教学的重要问题。认知教学理论受人本主义心理学的影响，提倡学生主体、教师主导或教学活动双主体，提出了学生中心的口号。这对传统教学思想提出了挑战：首先，这一理论在创造学习的外部条件时以主体内部的认知规律为前提，从某种意义上说，教师的教之所以重要是因为它能影响学生的内部认知过程，即引发学生有意义学习的心愿，启发学生进行深水平加工，改进和调动已有的认知结构。其次，这一理论改变了传统的教师主宰天地的教学方法，侧重于集体讨论法，这有助于激发学生批判性思维和对学科材料的深入理解，提高其对新学知识的解释、推理和运用能力，而且对学生的态度和价值观以及后来的行为表现都有积极的影响。最后，认知教学理论树立了教学目标新观念，认为将学生培养成为独立、自主、高效的学习者才是最重要的教学目标。

二、三位一体的多模态英语课堂教学的构建

（一）教师的多模态教学

1. 英语教学中多模态选择原则

根据系统功能语言学的语境理论，情景语境包括话语范围、话语基调和话语方式三个方面。在英语教学中，这三个方面分别表现为教学内容、师生特点和教学条件。教学内容是指所教授课程的知识领域、难度深度以及所要培养的学生的听、说、读、写、译等基本技能，是课堂教学要实现的首要目标，也是制约模态选择和教学方法选择的主要因素。比如，听说课使用的主要模态是听觉模态和语言模态，还可以增加与教学内容相关的视频或图画，或者由教师设计一定的身体姿态来调动学生的视觉模态。教师的个人特点、教学理念和学生的水平及个性差异也同样制约着具体教学模态的选择。因为教师是实现课堂教学的主导因素，所以教师的教学理念和个人兴趣起关键作用。例如，从教师与学生的关系上看，如果教师认为学比教重要，就会侧重培养学生的实践能力，而不是把教科书当作权威，这样一来，学生就会成为课堂的活动主体，教师则会注重调动学生使用多种模态来强化、提高多方面的语言能力；相反，如果教师持相反理念，认为教比学重要，那么教师就会利用课堂上的大部分时间进行教科书的讲解，学生的主要任务就是听讲，那么他们课堂学习过程中使用的主要模态相对而言就会比较单一。教学条件包括教学环境和教学设备等客观因素。目前，现代化教学设备已经比较普及，教师可以通过多种模态呈现教学内容，

不过这对教学设计的要求也更高了。

基于以上三个方面，教师在英语教学中要相应考虑以下三点：

（1）话语范围，即教授的内容、深度、长度等。

（2）话语基调，即教师的性格、特长和学习者的知识及能力结构以及二者之间的关系等。

（3）话语方式，包括硬件设施、教学环境等，如针对知识获取型的教学目标，教师主要采取解释、说明等方式；针对技能训练型教学目标，教学过程以训练、行动为主等。

这三个方面对意义的建构会起到重要的作用。

有了这些做基础，我们便可以考虑具体模态的选择问题了。模态选择的原则是以模态选择的动因作为基础的。为了取得更好的教学效果，教师要尽量选择多种有效的措施和方法，特别是技术手段；但从经济的角度讲，模态的选择应是越简单越好。所以，教学模态的选择是在最优化和最简单化的矛盾之中进行的。而从两者的先后顺序上讲，最优化原则是首选原则，这就解释了为什么虽然运用现代技术不仅昂贵而且非常复杂，但很多教师还是尽力选用最先进的多媒体技术作为教学媒体。这样，我们可以把获得最优化效果作为总原则，即充分利用现代媒体技术，最大限度地表达讲话者的意义，取得最佳效果。在这个总原则指导下，还有相互联系的几个原则：有效原则、适配原则、经济原则。

有效原则是指选择任何一个模态的前提都是要取得更好的教学效果，避免出现某个模态的无效使用，或者某一模态产生的负面效应等于或者大于正面效应。例如，用多种模态来解释同一知识或事物能够强化学生的记忆，但这样也会分散学生的注意力。如果这个负面效应过大，就会使其效果在整体上是零，甚至是负的。这样使用这种模态组合就是多此一举。

适配原则是指在选择不同的模态时，要考虑不同模态之间的相互配合，以获得最佳搭配为标准。例如，几个独立的模态各自都可以产生很好的正面效应，但组合在一起则可能无法相互配合，相互之间会发生摩擦从而产生降低总体效应的情况。例如，在英语文化课或口语课中，口头讲解和角色扮演都是行之有效的教学方法，但如果教师非要将二者混合在一起，在角色扮演的过程中强行加入讲解，这样就会影响角色扮演对学生能力的培养，产生不了应有的效果。

经济原则通俗易懂，就是表示选择模态时越简单越好。

有效原则和适配原则都有各自的次级原则。有效原则包括工具原则和引发原则。工具原则是说在教学中，用某种模态为教学主程序提供便利，如提供真实语境等。虽然英语课堂不是真实的社会交际环境，但多媒体技术可以为其提供尽可能真实的语境，如将图像、录像、声音等作为教学的实际环境，可使教学接近最佳效果。利用从真实交际场景中得到的录像材料作为英语教学的学习材料，学生会了解和认识真实语境的实际情况，获得更加具体的语境知识；或者将其作为交际对象，让学生与录像中的交际者在录像提供的语境中进行交际。发展现代多媒体技术的一个最基本的理念是多模态交际，它可以使受话人通过多通道获得信息，比单模态话语更容易使受话者理解和记忆，如PPT可以通过视觉和听觉提供文字、语音、图形、图像、录像等形象，即使不适当的模态搭配可能会影响效果，也不影响别人讨论它的使用。

适配原则的次级原则包括强化原则、协调原则、前背景原则、抽象具体原则。强化原则表示在同时选用两个或两个以上模态时，一般是一个为主模态，另一个对它进行强化，使传递的意义更加突出。例如，在用PPT展示句子“Peter was killed in a traffic accident”时，可同时插入声音读出这个句子，还可以在PPT画面上配上照片等，这样就能帮助学生更有效地理解、掌握句子。协调原则表示不同的模态联合或交叉使用时，各种模态之间要相互协调，还原人类社会交际的本来面目，一种媒体不能独自完成的交际任务可以由其他媒体来补充。例如，我们在讲一个语境依赖性强的对话故事时，如果没有图画，学生会觉得不知所云。但是如果我们配上图画就很容易了，还可以产生幽默感等附加效果。但我们要注意，联合或交叉使用并非指多种模态任意地结合或交叉，因为模态间也会形成相互排斥和抵消的关系。比如，学生在做快速阅读或限时阅读时，如果在PPT中插入Flash动画或背景音乐，会与文字内容冲突，分散学习者注意力。

前背景原则表示，在同时选用两个或两个以上模态时，其中的主模态处于前景中，其他模态为它提供背景信息。在英语教学中，口头交际显然都是处在前景中，由其他模态提供背景。例如，一场戏剧开始时，演员说话前和说话中会出现背景，提供事件发生的时间、地点、环境，还可以包括人物等。又如，在介绍奥运会会歌时，作词、作曲等介绍的书写模式为主模态，对音乐的播放则背景化了，起辅助作用。抽象具体原则表示在同时选用两个或两个以上模态时，用一种模态来表达比较抽象、概括、偏僻、理解难度大、深奥的道理或结论等，另一种模态来提供实例、说明、关系等，使理解更加容易。例如，在谈论“龙”时，中国人头脑中出现的形象是中国雄伟荣耀的、代表皇帝的龙；即使我们说的是西方的龙，如果不加说明，也会在中国听众中产生相似效果。用文字说明就需要很多的话语，但用图形方式表现出来则十分容易理解，因为根据图像本身人们就可以明白，西方的龙是邪恶的化身。另外，如在语音课的讲解中，字母T在词头和词尾的发音不同，如果教师仅依赖口头教授舌位、口型及发音的差异，难以达到理想的效果，而如果结合音位图就很形象具体了。这类多模态的表现形式还包括用表格表示数量和关系、用简笔画表示理论框架、用流程图表示进程等。

2. 基于多媒体技术的多模态教学模式

（1）课件演示模式

课件演示模式，是指教师通过使用教学课件开发程序或工具，把英语教学中要传授或涉及的教学内容制作成多媒体教学课件，并将其通过多媒体投影设备呈现给学生。这种教学模式在学生较为集中的情况下比较方便使用。

课件演示模式的特点包括：课件制作过程简单；教学信息量大，教学效率高；以科技发展学生的学习兴趣；教学形式较为单一。

（2）情境创设模式

情境创设模式，是指在英语教学过程中，教师充分利用各种多媒体信息资源，如声音、视频和文字等，再加上相关的应用软件，创设出语境与所教授的英语课程相关的一种教学模式。

情境创设模式的英语教学设计对教师的信息技术要求较高，教师主要需要做以下两个方面的准备工作：一是要用多媒体编辑软件（如 Cool Editor 等）对英语多媒体教学素材（音像素材）进行编辑和整理，去掉无关紧要的情节，以使素材更加紧凑，避免一些无关信息分散学生的注意力，进而提高学生的学习效率；二是要合理编辑与音像素材相关的文本资料（如课上需要讲解的语篇信息、单词、背景介绍等），再将文本信息以字幕等方式进行与视（音）频资料的同步整合。

情境创设模式有效地利用了多媒体技术，刺激学生同时调用多种感官进行多模态学习。身临其境的感觉不仅提高了学生的学习兴趣，还让学生认识到所学的语言信息要在何时、何地以及如何有效地利用与表达，增强了学生的体验感以及实际运用能力，提高了学生的学习效率。

（二）学生的多模态学习

根据认知学理论，学生是课堂教学的主体。学生多模态学习主要指学生运用多模态手段并通过多种感官观察、认知、接受、分析、处理和运用语篇信息和非语篇信息的认知能力。

认知心理学认为，产生学习行为的基本前提条件是注意力、好奇心、观察力（通过五官）、记忆力和发现及试图解决问题的意识五个方面。其中记忆力至关重要，分为瞬间记忆、短期记忆和长期记忆。顾曰国认为，恰当的模态转换可以增强学习者对所学内容的内化度，提高内容记忆的持久性。因此，在教学过程中教师应有效采用多种模态增加学习材料的直观性和经验性，通过问答环节、小组讨论、演讲辩论、角色扮演等刺激学生对新知识的感知，用多种感官接收并输出多模态的话语信息，增强记忆效果。在影响记忆力的诸多因素当中，注意力是最重要的。研究发现，注意力和记忆力的强度都跟获取信息的模态直接相关，而公认的事实是情感的冲击可以吸引注意力并加深记忆强度。所以，在课堂设计上，教师使用的视频材料、口头或书面的语言材料和讨论的话题要有一定的内涵和深度，能够关照到学生的社会情感或个人情感，使其对所接收信息有深切感受，增强其理解记忆能力，这样有助于提高学习效果。

多模态学习首先要求学生通过视觉模态进行教科书文字识读和认知语篇信息，包括语篇树状信息结构和信息点。然后，学生要认真观察教师所演示的多模态教学内容，以获取相关信息。最后再综合运用多模态认知语篇信息和非语篇信息进行多模态信息输出（如回答问题、展开讨论或进行课堂表演等形式），以便训练自身的语言表达能力、思维能力和操作能力。学生多模态学习主要分为教师课堂传授和学生自主学习两种方式。

（三）多模态教学评估

多模态教学评估是指师生双方根据所制订的教学目标对教与学的效果所进行的多种方式的检测。该评估包括师生自评、师生互评、学生互评等方式。多模态教学评估是多模态教学模式中不可缺少的组成部分，多模态教学评估不能只依据传统的期末考试成绩这种单一的评估手段，教师和学生双方都应成为被评估的对象。教师要评估自身使用的教学方法或手段是否合理，比如图像、视频、音频或网络等多种手段在课堂教学中的效果，及时调整不合理的多模态教学方法，以便在有限的课时内有效地完成教学任务。此外，学生也应对教师的教学效果进行评估，教师通过学生的评估来了解教学中多模态运用的情况，如各种模态调用是否合理恰当、设计信息与模态是否匹配、设计是否易于操控等。

教师通过双向评估可以发现问题、解决问题，进一步提高多模态教学的质量。教师对学生的评估要设计多种评估指标和参数，绝对不能从单一的语言文字方面来评估，而是要对学生在平时学习过程中的英语听说读写能力、信息认知能力、语言交际能力、思维能力以及对多模态信息的处理能力等多方面因素进行综合评估。具体参数包括学生根据自身所取得的成绩进行自评，学生小组活动中根据参与多少、贡献大小等进行互评。每单元结束后收集的评估结果可作为动态评估学生表现的重要依据。课堂表演、课堂问答、期末考试等综合成绩按一定比例计算，每学期各项动态测评成绩按一定比例计入学生总评成绩。

第四节　多模态话语英语教学评估体系的构建

一、多模态话语英语教学评估体系构建的理论依据

随着多模态话语的产生，国内外语言学专家十分关注多模态话语理论研究，多模态话语已经成为应用语言学研究的前沿，且研究的热点是在英语教学领域。模态指人类通过视觉和听觉等跟外部环境中的人、动物或物件等之间进行的互动方式。用单个感官进行互动的叫单模态，用两个感官的叫双模态，三个或三个以上的叫多模态。多模态话语指运用听觉、视觉、触觉等多种感觉，通过语言、图像、声音、动作等多种手段和符号资源进行交际的现象。

通过多种模态刺激听话者的感官是多模态教学理论所提倡的，通过调动学习者多种感官协同运作，以加深印象、强化记忆、提高交际的有效性。传统的单一的文本模式中的网络技术、多媒体技术以及语料库研究和言语工程研究的不断发展使其转变为当今的多种模态话语表现模式，而且教室中的多媒体设备已使教学多模态化。传统的文字读写向多模态读写转变，教学方法、教科书编写和学习任务等也相应发生了变化。从技术上和方法上看，教学形式的多模态化也使英语教学更为生动、更富有成效。多模态话语分析的意义在于它可以将语言和其他相关的意义资源整合起来，它不仅可以看到语言系统在意义交换过程中所发挥的作用，还可以看到诸如图像、音乐、颜色等其他符号系统在这个过程中所产生的效果，从而使话语意义的解读更加全面、更加准确。运用多模态分析研究方法研究课堂中的互动行为，使以前抽象的脱离语境的文本分析变得更加生动形象，展现了当今多模态话语分析的一大态势。之所以采用多模态话语教学理论研究方法是因为计算机多媒体辅助语言教学已广泛应用于英语教学领域，为英语教学提供了全新的手段和便捷的途径，教师可以在多媒体辅助下利用多模态话语理论及多媒体资源设置不同的教学情境及多通道话语意义表达方式，有效地开展应用型英语，即特殊用途英语或专门用途英语（English for Specific Purposes），如科技英语、商务英语等多模态教学，让学生能够更加直观、更加生动地学习知识，并在多媒体教室接受图、文、声、像一体的立体方式教学，使学生以高昂的情绪投入特殊用途的英语知识建构中，为学生营造生动活泼的学习气氛，从而激发其学习兴趣，达到良好的教学效果。对于一定的话语以什么模态和媒体表达最为有效，是需要进一步认真研究的课题。

二、多模态话语英语教学评估体系构建的基本原则

（一）教学须保证英语学习者主要集中于“意义”

在这里区分了两种意义：语义学意义（即词汇或者语法结构的意义）和语用意义（即交际过程中高度情境化的意义）。当然学习者对两种意义都不能忽略，但是语用意义却是重中之重。两种意义的教授方法有所不同，为了给予学生参与和练习语用意义的机会，教师往往会采用任务型教学法。对于语义学意义，教师和学生分别将自己定位为教授者和学习者，而英语教授和学习是他们的目标。对于语用学意义，教师和学生将英语看作一种交际工具，而他们自己则是交际者。根据对英语教师授课过程的观察，虽然我们仍然花费了大量时间在语义学意义上（因为语义学意义是使用语言的基础），但教师们加大了对语用意义的重视程度。这两种意义并不互相排斥。讲解完词汇后，很多教师会要求学生用所学过的单词说一段话，以便给学生更多机会将这些词放到语境中，放到实际生活中。一般在英语课堂上，教师最多会将 1/4 节课的时间用于词汇讲解，剩下的 3/4 的时间将会要求学生做课堂报告，越来越多的教师意识到语用意义的重要性。在做报告时教师们并不在意个别词的使用，而是将它看作师生之间的一种交际。尽管学生会犯一些语法错误或者用词不够准确，只要不影响理解和交流，教师便不会打断学生。

（二）教学须保证学生掌握大量的惯用语

惯用语，或者词块，是英语学习的一个重要来源。惯用语定义是作为整体在记忆中储存或提取的各种类型的词串。本族人往往比英语学习者，包括高等水平英语学习者，使用更多的惯用语。通常教师会要求学生记忆一些固定用法，例如如何打招呼、道歉、感谢等。这些惯用语在英语学习中有很大作用，因为学习大量惯用语有利于学生英语流利程度的提高。在我国英语教学中，教师仍然坚持使用这种方法。在课上，一些教师经常要求学生背诵一些文笔优美的课文段落或短语。通过这种方式，学生将其作为大量的惯用语储存在记忆中。然后，学生需要一段时间将这些语言块由短时记忆变为长时记忆，最终内化为自动的表达方式，从而更加流利地说出英语。

“自动化”这个概念的产生基于心理学家的研究，他们认为我们处理信息的过程是受控的，或者是自动的。学生的学习涉及从受控到自动的转变。学生在对语言进行记忆和自动化之后，可以自己创造出一些表达方式，这对他们语言输出的流利度很有好处。因此课上教师会要求学生练习使用学过的惯用表达方式。

三、多模态话语英语教学评估体系的构建

英语教学评估内容是由培养目标决定的，即培养学生的英语综合应用能力，尤其是听说能力，会使学生在今后工作和社会交往中能够有效地进行口头和书面的信息交流。不仅如此，我们还要提高学生综合文化素质和增强其自主学习能力，这样才能更好地适应我国的经济发展及日后国际交流的需要。我们不难看出，英语评估体系要从以下三个方面对学生进行评价：一是语言综合运用能力，该能力可以详细理解为听、说、读、写、译五种技能，每种技能又可细化为多种微技能。二是学习的方法和步骤以及学习策略的掌握情况，重点评价学生的观察能力、提出疑问的能力、根据问题做出猜想和假设的能力、对信息的收集和处理能力、交流与合作的能力等。在对其评价中，我们要将形成性评价与终结性评价合理地结合起来，客观记录学生参加了什么活动、投入程度怎样、他们在活动中的表现和进步等其他情况，在得出评价结论前，我们要对学生在学习的过程中所经历的途径、运用了哪些方法进行综合比较；三是对情感态度的评价不能像知识和技能一样直接进行，只能通过一些可观察的指标间接地推断和度量。因此，为了了解学生情感态度与价值观等方面的现状和进步，教师应通过对学生学习中具体的观察和记录来获得。

我们对于不同类型的信息应使用不同的模态进行认知，因为对信息的认知和识读是多模态的。比如语篇信息以视觉、听觉、触觉模态进行全面的听、说、读、写、译认知；非语篇信息则是以视、听、展、演等视觉、听觉、触觉模态为主来认知，并且能够通过说和写等触觉模态转换为语篇信息。商贸领域还有旅游领域的知识性信息、技能性信息、文化性信息都可以归类到语篇信息或非语篇信息之中，所以也可以用视、听、读、写、演等多模态进行认知和识读。当进行这类特殊用途英语教学时，我们也会使用“多模态教学、多模态学习、多模态教学评估”三位一体的教学模式。

多模态教学就是教师在多媒体的环境下，充分调用多模态手段传递和获取信息。教师通过分析旅游或商贸英语的特点，可采用多种手段进行信息传递，如视频、电影剪辑、录音、照片、图表、实物等，这样就可以充分利用模拟旅行社、宾馆、饭店、旅游景区或商贸洽谈、商贸交易等业务展开相关的教学活动。教师以课程具体内容为根据科学地使用各种模态，合理地把握语篇信息与非语篇信息的比例。开展多模态教学活动时，第一步要进行的是多模态教学设计。该设计应在教学目标、教学程序、教学任务、教学方法和教学手段（即对多模态的选择）等方面得到体现。多模态教学设计需要考虑两个条件，即教学环境与教学条件。首先要明确设计依据，然后再确定授课的其他具体方面，包括教学目标、教学程序、教学任务、教学方法和教学手段。此外，为了确定每个阶段的教学目标和教学

任务，教师还需要为整体教学过程设置不同的阶段，之后再为每个教学阶段选择合适的教学方法和教学模态。由此看出，教学设计是一个综合性的整体。

多模态学习指的是学生利用多模态手段并通过多种感官多模态地处理、认知、接受和运用语篇信息和非语篇信息。对多模态的学习，首先，要求学生以视觉模态进行教科书文字识读和语篇信息认知，其中包括语篇树状信息结构以及信息点。其次，学生要仔细观察教师所演示的多模态教学内容以获取有关信息，最终综合运用多模态认知语篇信息和非语篇信息进行多模态信息输出，这里包括回答问题、展开讨论和进行课堂表演等形式，通过这些形式训练自身的语言表达能力、思维能力以及操作能力。教师课堂传授和学生自主学习是学生进行多模态学习的两种主要方式。

其一，在课堂上学生先要学会理解教师提供的各种信息，然后才能领会各种模态所含的信息意义。通过听、说、表演等多种模态方式，学生基本可以掌握所学内容，如观看视频前，教师有意地提醒学生留意视频中与课本知识有关的重要环节和要点，在课堂学习之后，学生就能掌握所学内容的主要信息。另外为巩固课堂教师所教内容，学生可以去当地所学专业的涉外工作场所进行观摩学习。从理论上来说，这种学习方式将非常有效地帮助学生提高所学专业的英语听、说、读、写能力和思维能力，同时还会提高学生的跨文化交际能力。

其二，自主学习主要指学生根据教师所布置的课外学习任务，根据自己的学习方法，通过视觉、听觉和触觉与网络环境下的学习资源进行多模态自主学习，在规定时间内完成教师布置的自主学习任务。在多模态学习方面要想达到课堂教学互动的效果，教师应引导学生多模态地获取、加工各类语篇信息，之后在课堂上进行实践和运用，并帮助学生捕捉课堂上教师所提供的各类与语篇信息相关的非语篇信息，将非语篇信息成功转换为语篇信息。

第五章　英语教学创新之微课与慕课

第一节　英语微课教学

一、多模态教学环境下英语微课设计

随着多媒体网络的发展，英语教学无论是在教学资源、教学内容、教学手段、教学组织、教学评价等方面都突破了单一性、平面化、物理性等特征，呈现了多维度立体化的需求，体现为多模态的教学环境。随着学生知识授受模式的改变，学生的学习方式也发生了改变。自主化、个性化学习和自我知识迁移运用需求成为学生学习的重要手段并取得成效。微课因其自身微小、精、深的特点，成为多模态教学环境下教学的重要手段。在制作过程中，如何激发学生的学习动机、提升深度学习则至关重要。

（一）多模态教学环境下英语微课设计原则

1. 激发学生的学习动机

如何在英语微课中激发学生的学习动机，满足学生的学习需求呢？凯勒（Keller）教授提出的 ARCS 模型从实践层面分析了动机的生成机制和其干预策略①。该模型认为，学习动机的生成依赖注意（Attention）、相关（Relevance）、自信（Confidence）和满意（Satisfaction）这四个既具有层次递进性，又高度相关的动机过程。在教师选择英语某一主题或能力培养为内容制作微课时，首先，该内容要能充分引起学生的“注意”，动机得以激发；其次，该微课的学习内容要与学生的英语学习目标，如学分、考试、考证、考级或后继发展“相关”，动机得以维持；再次，教师要使学生有信心通过微课顺利完成学习任务，并能够在英语的某种或多方能力层面得到发展，“自信”得以提升，动机继续维持；

① 李奕. 基于 ARCS 模型的大学英语翻转课堂探索［J］. 校园英语，2016（1）：1.

最后，“满意”是指学习结果符合预期目标，体验到成功的满足感，动机长期维持。因此，教师在制作微课的时候可以参照 ARCS 模型来激发学生的学习动机。

2. 促进学生的深度学习

深度学习对应着应用、分析、评价、创造四个层次。微课不仅仅“呈现信息”“提供示范”，更要追求较高水平的“解释原理”“设疑思辨”等高阶思维。多模态教学环境下，教师和学生的角色发生了重大的改变。教师不再是单纯静态知识的讲授者，更是立体化教学的引导者、组织者、协调者、管理者、合作者等；学生不再是被动的接受者，而是主导主体，是学习效果的最终践行者。教师应根据“可理解性输入”原则，基于学生的实际应用情况，有效调控可理解性输入，实现资源最优化配置，使教学内容具有实用性、趣味性和多样性。教师在教学内容的选取、资源的展示手段、评价方法和评价方式等方面进行分析和革新，同时指导学生完成创造性的学习，完成深度学习所对应的四个层次。

（二）多模态教学环境下英语微课设计要素

1. 注重目标设计

英语微课制作的目标是调动学生的学习需求、激发学习兴趣、引导学生进行深层次的学习，基于凯勒教授的 ARCS 模型，教师在进行教学目标设计时要充分分析学情，既要考虑生源、学生英语既有基础、语言学习习惯、心理预期、刺激和鼓励机制、评价和自我满足等方面的因素，又要体现内容的梯度性和延展性，英语知识的连贯性，对英语听、说、读、写、译的侧重性，以满足学生自主化的学习需求，调动学生的参与意识。

在设计与英语能力相关的“问题”时教师要考虑问题或知识点在整个英语课程或体系中的地位。如在训练学生关于听力中的“省音与吞音”时就要考虑该微课设计在整个学生听力能力提升中的作用、学生为什么要学习该内容、学生如何在听说表达中运用以及其对学生的英语综合运用能力和跨文化交际能力培养的作用，这样的微课才值得耗时费力去完成。只有目标定位准确、目标完成顺利、目标评价有据、目标实现手段合理的微课，才能激发学生的学习兴趣，维持学习动机，最终实现深度学习目标。

2. 丰富内容设计和情境设计

教师在英语微课中基于解决某个特定语言“问题”的促使下，针对“问题”，要考虑学生的多媒介学习心理、深浅度学习习惯、语言习得要求和个性化自主化学习等各个方面，在内容的选取方面要有层次性、关联性和趣味性，以便学生完成知识的迁移和运用。如在对学生英语应知应会能力培养的关于“Interpreting Numbers”的微课制作中，在内容设计上可以选择基数词、序数词、小数、分数、百分数为基点逐一介绍，该模式更多地调动了学生在浅层学习中所习得的知识，在微课辅助下进行集中深化，促进深度学习，也可以选用基数、小数等几个内容，采用音频、视频、图片、动画等方式深入、透彻、精、小、碎片化，内容要精致，不是为了浅层识记的快餐式内容，而应是精细制作，这样的微课内容在选取上体现的手法更多样化，更能够维持学生持久的关注度。

此外，微课制作时要把英语学习任务放置在相关的情境中来完成，以体现学习内容。教师可以选取与学生专业、课程，甚至微课问题相关的仿真或模拟社会或心理情境，增强学生的参与意识和心理认同感，激发学生解决问题的兴趣；如在上述微课设计中，教师可以选取与学生日常生活相关的生活情境，如宿舍生活，或选取涉及数字的影视为内容的社会情境来调动学生的多模态参与意识，在情境中完成学习任务。

情境的设计要注重：①情境设计要与微课的内容密切相连，把教学内容放在仿真的模拟情境中能够充分调动学习兴趣；②情境的设计要反映学生的心理特点，符合学生的心理发展水平；③情境的选用要有启发性，利于学生的思辨行为；④情境的选用要有完整性，要按照“发现问题—提供策略解决问题—避免问题”的思路开展，这样才能使学生在浅层学习中所得的知识运用于解决问题中，通过理解和思辨达到高阶认知，实现深度学习的目标。

3. 有效结合活动设计和交互设计

微课应更多考虑学习过程，通过设计有效的学习活动支持学习者对学习内容的深度认知。英语教学中，传统的课堂活动包括基于任务的角色扮演、分角色朗读，对话、师生问答，生生问答、音视频模仿等；而在多模态教学环境中，要调动学生多个器官的参与，活动的内容会更加丰富，体现人际交互、人机交互、内容交互、人与界面的交互、人与媒介的交互等交互内容，因此在多媒介情况下要加以充分利用，如在以训练学生听、说及跨文化综合运用能力为主要目的的“Booking Hotel”微课设计中，教师可以设计多种形式的学习活动，如设疑、角色扮演、视频导入、动画模拟、人机互动等，让学生参与整个宾馆预订的过程。

在基础词汇和常用表达模块，教师可以调动学生浅层习得的内容，采用小游戏、积分奖励等方式完成，而对于预约过程，采用视频学习、小组互动等多模态的形式来完成；而在知识迁移运用方面，可以设置活动，让学生以实地演练、拍摄剪辑等方式来完成。在交互设计的基础上，学生的活动设计应包含：①探究学习活动。微课是学生的自主化学习，探究式活动最能调动学生的兴趣。②交流学习活动。学生在学习过程中可以完成师生、生生交流，线上、线下和面对面交流。③评价学习活动。学生只有通过合理有效的评价活动，才能检验学习的效果，完成知识迁移运用，实现深度学习目标。

4. 优化资源设计和界面设计

多模态教学环境下，学生的英语学习过程中更多地体现为混合学习和移动学习。资源庞杂丰富，体现为碎片化、微型化、主题化和媒介化。针对英语某一主题、问题、教学环节或语法、词汇、结构等知识点的微课，还要为学生的延展性思维提供更多的辅助资源，如在线课程、网络资料等。教师在资源选择时要基于专业知识和教学敏感度对资源进行筛选、监督和协调。

在资源选择上，既要有为满足学生浅层学习的基础词汇、短语、语法等，更要提供相关的可以促进学生深度学习的拓展性和迁移应用知识。总体而言，在资源设计方面，要体现：①针对性；②关联性；③深入性；④迁移性。

教师还要为学生提供质疑、求解和交流的线上线下交流平台、用于形成系统化知识体系的学习平台等。在学校英语微课的界面设计上，依据 ARCS 动机模型和认知负荷理论，微课的界面不仅要有美感，更要能够激发学习者动机、符合学习者的认知规律。对于需要特别提醒和标注的重点知识采用加粗、下划线、自动化定义、颜色等手段来强化学生的瞬时记忆能力和深度理解能力。在界面设计上要遵循手段服务内容的原则，对于重点内容，采用特殊的界面操作也是吸引学生关注的重要手段。

5. 完善评价设计

英语微课制作无论是涉及学生听、说、读、写、译还是以体现跨文化交际能力提升为目标的综合能力方面，都是为了促进深度学习。因此，在评价设计上，要包含学习过程、学习结果以及奖励激励性等评价。评价的方式必然包含教师评价、生生评价、互评、自评等。评价设计内容要能使学生针对具体化的、深入化的问题进行质疑和反思，从而体现微课设计思路，而非知识点的罗列。评价可以通过配套的在线测试、线下测试、课内展示、讨论、交流、知识的迁移运用等形式进行。通过奖励激励评价体系，如在英语课程内通过积分换取学分等方式完成对学生的激励和奖励。学校英语要提高学生听、说、读、写、译的全面能力，要求创设多模态的教学环境，以调动学生的各个感官和各种意识、情绪的参与，体现不同的心理活动，因此学校英语微课顺应了多模态教学环境的要求。而多模态的教学环境则促进了学校英语微课的发展。英语微课的终极目标是促进学生的深层学习，培养学生的高阶能力。但是在制作的过程中要把浅层学习所获得的基础和机械记忆知识，如词汇、短语、基本语法结构、篇章阅读技巧等进行关联和深化运用，在内容选取、资源设计、评价手段等设计要素上更是要以激发学生的学习动机、满足学生的自主化学习需求为主要目标。在微课设计中，如何满足针对不同个体学生的个性化学习，如何使微课的设计真正把浅层学习和深层学习结合起来，则是值得英语微课制作者思考和探究的问题。

二、信息化背景下英语微课教学方法

（一）在英语教学中实施微课教学的意义

1. 微课有助于学生的自主学习

有的学生的英语基础比较薄弱，在学习过程中会遇到不少问题。这些学生在英语课堂教学过程中往往难以跟上教师的节奏，对其中很多知识点一知半解，难以有效掌握相关的学习内容，不利于英语学习成绩的提高。微课恰恰可以通过一种崭新的学习模式解决这类学生的问题。教师在课前准备过程中可以基于学生的英语实际水平，结合学生的学习需求，制定具有针对性的微课学习内容。微课的内容虽然较少，但是具有高度的集中性和针对性。学生通过对微课内容的仔细学习可以在较短的时间内掌握一定的学习要点，进而全面提升课堂学习的效率和质量。

此外，学生可以根据自己的需要向教师寻求对应的微课教学资源，然后在课余时间进行自主学习。学生在课堂上未能完全掌握的知识点在课后结合微课资源反复学习，直到完全掌握，这样就可以满足学生的个性学习需求。学生通过自主学习不断提升自身的英语水平，进而增强英语学习的信心和热情。微课能够促使学生的学习进入一个良性循环，最终达到全面提升学习效果的目的。

2. 微课有助于教师实施课堂教学

传统课堂需要英语教师对教学重点进行讲解和考核，这样教师的时间和精力被大量消耗，难以对学生实施个性辅导。微课教学的出现为教师带来了全新的教学方式，教师利用微课引导学生进行学习，还可以留下时间为学生答疑，并对个别学生进行有针对性的辅导。教师还可以把自己的微课视频上传到互联网上，让更大范围的学生、教师、专业人员来观看并点评自己的课堂教学，并通过微课平台实现与其他教师沟通交流的目的。教师在这个过程中不断提升自己的教学水平，发现教学中存在的问题，进而实施有效的改进措施。这对于教师全面发展自己的教学水平具有重要作用和意义。

3. 微课教学有助于提高课堂效率

微课的出现改变了单一枯燥的传统教学方式，为学生展现了一个全新的学习世界。由于微课教学主要依托互联网，这种教学方式可以有效激发学生的学习主动性和积极性，而且微课在较短的时间内集中讲解一到两个知识点，可以让学生具有明确的学习目标，进而在相应的时间内完成相关知识的学习和掌握。这种学习方法与之前的大范围课堂教学比起来可以有效提高课堂教学效率，使学生在有限的时间内掌握更多的知识，为学生英语成绩的提高起到良好的促进作用。

4. 微课教学有助于促进师生之间的沟通交流

微课教学主要利用互联网完成，学生可以利用微课充分掌握教师的教学风格。学生在进行微课学习之后可以向教师及时反馈自己的学习感受，将自己在学习过程中难以完全理解或者掌握的知识点反馈给教师，还可以提出对微课进行改进的建议，微课给师生之间的沟通交流提供了一条全新的渠道。通过学生的学习和反馈，教师可以找到最有效的教学方式，促使微课课堂达到最佳的教学效果，从而在整体上提高英语课堂的教学效率和教学质量。

（二）在英语教学中应用微课的教学方法

1. 合理选择录制方式和内容

微课的视频录制是教学进行的关键。一般来讲，微课的录制方式主要采用图片或者视频或者兼有图片和视频。在具体的录制过程中，教师首先要对学生的学习状况进行全面的了解，在充分了解学生在学习过程中遇到的困难以及对微课教学的期待之后录制微课。教师在录制视频的过程中可以结合具体内容进行一定的解释和强调，对于微课学习中的重点知识，及时提醒学生仔细听讲或做好笔记。图片在微课中运用较少，但是图片具有良好的直观性，可以将学习内容呈现给学生，促使学生进行直接的学习。在具体的微课教学过程中，教师最好将视频和图片进行有机的结合，从而达到更好的微课效果。这样的方式能够为学生带来内容丰富多样的、富有吸引力的教学内容，激发学生的学习热情，使其在微课学习过程中达到更高的学习效率和更好的学习效果，促进学生英语成绩的全面提高。

2. 把握微课教学的特点

微课的特点是只有通过在课堂上对某个教学重点或者教学难点进行集中教学，才可以提高学生的学习效果与掌握程度。因此，教师在运用微课进行教学的时候，应掌握教学重点和教学难点，根据教学需要播放对应的微课教学视频；在不同的教学阶段应用微课建立英语知识结构体系，实现不同的教学目标。在微课教学过程中，教师还要保证学生的教学主体地位，教师只是课堂的组织者和引导者。教师需借助现代计算机技术和信息技术，不断拓展课堂教学方法，进而发挥微课教学的优势与作用。

3. 设计微课教学环节

为了全面发挥微课教学的巨大优势，教师需要对微课教学环节进行精心的设计。先要为微课学习确立有针对性的教学主题和教学目标，结合学生的学习实际，设置教学的具体步骤与过程。同时，鉴于微课的短时性，教师在运用微课的时候需要快速切入要点，进而促使学生快速进入学习状态，有效强化教学效果。教师可以采取多种教学方式，如切入要点、设置问题、复习知识等，还可以根据教学需要引入学生生活中的生动情境来加强学生对微课学习的热情。无论用何种方法，话题的引入需要凸显出教学主题，为后期的教学展开和知识传授奠定坚实的基础。

微课的应用需要教师设置一个清晰的教学思路，为学生构建一个清晰的英语知识结构，在每个学习阶段为学生呈现不同的教学内容。但是，每个教学环节都是整个知识体系中的一个方面，通过微课的学习，在学生头脑中形成一个完整的英语知识体系，加深学生对英语学习内容的理解，最终有效提高学生的英语成绩，保障英语课堂教学的质量与效果。

三、手机微课在英语教学中的应用

随着信息技术的迅速发展和智能手机的快速普及，学生的学习方式和教师的教学方式都发生了巨大的变化，传统的英语课堂教学已经无法满足当前的教育需求。以建构主义理论为指导，通过对手机移动学习和微课的特点进行分析，研究如何以手机为终端，系统而科学地构建微学习环境，开发微学习的形式和策略，以期为手机微课在英语教学中的开展提供参考。

（一）手机微课的理论基础

社会建构主义教学论的核心思想认为，学习是一种主观能动的知识建构，是与社会环境进行互动的过程，明确强调了外在环境和社会因素对认知的作用；强调学生是课堂学习的中心，知识构建的主体，而不是知识被动的接受者，在信息加工和知识构建过程中起到关键的作用。教师在知识的构建过程中起到引导者和发问者的作用，在一定的情境下通过协作、讨论、交流帮助建构意义，而不是单向的知识传输。同时，建构主义学习理论强调通过意义建构获得，而知识的建构来源于活动与学习情境互动，更加强调学习的主动性、社会性和情境性。

因此，学习的过程不仅仅是简单的知识内化，而且是在特定的环境下社会互动的结果。手机微课的学习方式和建构主义学习理论具有一致性：学生技能的获得不是简单通过教师传授得到的，而是通过真实情境的创建得到的，促使学生的学习内容和学习方式与外在情境发生有效的互动，从而激发学生的学习兴趣，达到更好的学习效果。因此，手机微课在英语教学中具有巨大的发展空间。

微学习指的是学习者主动通过现有的、便捷的手持终端获取片段式学习资源，快速解决问题的学习方式。微课是微学习的具体呈现和应用。微课是以网络为传播途径，以微型视频为授课方式，由学生自主学习。微课的出现是教育资源建设重心由助教向助学转变的重要契机。21 世纪是信息时代，手持终端的便捷性和普遍性、信息传播途径的多样性为手持终端微课的可行性打下了坚实的基础。

（二）手机微课的优势分析

传统的英语教学以课堂学习为主要学习方式，而课堂教学时间有限，方式比较单一，内容比较单调，知识更新不及时，导致学生学习兴趣缺乏，效率较低，个性特点无法体现。手机微课可以从根本上改进当前的英语教学，主要体现在以下几个方面。

1. 以学生为中心，提高学生学习的主动性和自主性

以学生为中心是英语教学的至高原则。学生基础参差不齐，接受能力也存在一定差异。因此，通过课堂学习达到预期的教学效果有一定的客观限制。而微课的出现可以在一定程度上改进目前的教学情况。微课是一种提供给学生的自主学习的教学资源，既可以作为课堂内容的有效补充，又可以满足学生的个性化需求。教师可以在课前通过手机终端或者计算机登录平台，将微课视频上传到互联网教学平台，学生通过手机终端提前预习，可以极大地提高教学效果。

2. 英语教学更具延展性、开放性和整体性

利用手机终端的学习模式能够有效地利用碎片式时间，不受时间、地点的限制，可以实现泛在学习，比传统的课堂学习更具延展性和开放性。学生在课堂上没有消化吸收的知识可以通过存储微课资源继续进行课下巩固。微课短小精悍、言简意赅，比传统英语课堂更加高效便捷，教学方式更加灵活，与可以进行碎片式学习的手机终端结合，可以达到更为显著的教学效果。

3. 充分利用网络资源，使英语教学也能够实现与时俱进

随着信息技术的迅速发展，网络教学资源日益丰富，而且更具热点性和时效性。英语教学主要从学生的听、说、读、写、译五个方面着手，网络资源的充分利用可以达到全方位的教学效果。例如，可以通过语音合成软件将新闻、故事等转换成音频文件，安卓程序生成器生产图片集和视频集等多媒体应用程序，以制作微课内容。同时，丰富的资源可以激发学生的学习热情，促进教师与学生的垂直性和交叉性互动，增强教学效果。

（三）手机微课在英语教学中的课程设计

手机微课的课程设计可以从学习者终端、教师终端和智能移动学习平台三个方面入手。教师和学生都可以用智能手机登录，并进行视频上传和播放，同时教师和学生可以通过互动平台进行交流，实现手机终端与微课的有效结合。

微课视频的设计必须体现情境创建的策略。多项研究表明，教学中采用情境创建和案例分析的效果非常显著，而微课可以与案例教学完美结合起来，更具故事性和趣味性。教师应尽量避免按部就班地罗列酒店英语常用句型，而是可以在微课中设置人物，将以上两部分知识以故事的方式展开，创建更为真实的情境，将酒店服务常用的英语句型，如 May I… How would you like to… 等穿插其中，从而达到知识的建构。

学生通过手机终端，在学习过程中对微课视频进行标注，实现标注和微课视频的结合，同时对微课进行提问和评价，教师通过互动平台进行回复，满足学生的个性化需要，改革传统的课堂教学模式，积极构建学生对于英语学习的认知。课堂上，教师通过微课反馈结果来总结分析学生在预习阶段对于微课视频提出的问题，以巩固学生的学习效果。鉴于酒店服务英语的实用性，教师可以鼓励学生自己制作微课视频并上传至互联网教学平台，以实现资源共享。

视频的优势并非传递抽象的文字信息，而是传递具体、直观的图像信息，特别是连续动态的图像信息。学生对于视频的制作普遍有很大的积极性。学生可以结合自身情况构建生活情境，制作微课视频，以供教师和学生交流。同时，教师通过平台上学生的反馈可以对学生的学习状况做出合理评价和监控，实现与学生的实时互动。微课作为课堂教学的有效补充和延续，可以利用更加丰富的教学资源充分发挥教师的创新性和学生的自主性。与手机终端的有效结合可以进一步增强教学效果。

第二节　英语慕课教学

一、慕课教育的内涵

（一）慕课教育的概念界定

慕课教育以微课、慕课、翻转课堂为载体，对此三个概念的分析，有助于更好地界定和把握慕课教育的概念。

1. 微课、慕课、翻转课堂

随着网络技术的发展以及微博的普及和盛行，无意中带动了一股“微”潮流，如微信、微电影、微小说、微访谈、微学习等，微课也是这股“微”潮流的产物之一。微课到底是什么？微课是基于学校资源、教师能力与学生兴趣，以主题模块组织起来的相对独立与完整的小规模课程。微课具有教学时间较短、教学内容较少、教学目的较明确、便于传播、制作简单等特点，能更好地满足个性化教学。

慕课，是 MOOC（大规模开放在线课程）的中文译名。慕课有多种分类，有基于行为主义的以知识传授为主的慕课，也有基于关联主义的以建立连通和社交网络为核心的慕课，还有其他类型的慕课。与网络公开课只提供教学视频不同，慕课除了提供教学视频外，还像大多数网络课程一样，有开课和结课时间，提供其他学习资源，布置作业，组织在线交流和讨论，对学生的作业进行评价，组织考试，甚至颁发学习证书和授予学分，具有开放性、大规模性、灵活性等特点。

翻转课堂是一种新型的课堂教学模式，新型是相对于传统课程而言的。教学的基本环节包括三个阶段：课前、课中、课后。翻转课堂与传统课堂的不同就在于课前和课中的任务分配不同。在传统课堂中，快下课前，经常会听到教师说：“同学们，课下预习下节课的内容。”即使是学生预习了教学内容，下节课上课时，教师仍会滔滔不绝地讲授教学内容，哪怕是学生已经学会的知识，教师都会将教案里的东西完完全全地都传授给学生。

对于学生已经学会的知识，教师为什么还要再讲一遍呢？关键在于没有一种方式和方法让教师明确知道哪些内容学生已经学会而不需要再讲，哪些内容是大多数学生都不会的，只依靠教师的经验是不能完全弄清楚这个至关重要的问题的。而这个问题，依靠现如今的网络技术和大数据则会得到解决，在有限的课堂时间里，教师可以很清楚、很明白地知道学生需要哪些指导，根据收集到的大数据所反映出来的问题，在课堂上重点讨论，答疑解惑，教学做到“有据可依”，这就是翻转课堂。

2. 慕课教育

教育大辞典将“教育”定义为“传递社会生活经验并培养人的社会活动”。不同社会阶段的教育也不同，因为社会生产力和生产关系以及经济基础和上层建筑都是教育的制约因素，根据不同的社会历史阶段，一般将教育纵向分为古代教育、近代教育和现代教育。慕课教育是在现代科学技术和现代教育理念的基础上产生的，故慕课教育应从属于现代教育，是现代教育的一种形式。

除此之外，还有人将传统教育和现代教育看作一种特定概念，即把德国教育学家赫尔巴特（Herbart）的教育理论称为“传统教育”，美国教育家杜威（Dewey）的教育理论称为“现代教育”，指出“传统教育”以教材为中心，着重传授；“现代教育”则以学生为中心，着重活动，强调学生的主体性地位和主动性。慕课教育是对现代教育的一种发展，是现代教育的一种形式，主体性地位、自主学习、能力培养、个性化发展等在慕课教育中有很好的体现。

那么什么是慕课教育？对其概念的准确界定是研究的基础。慕课教育，即以关联主义、人本主义和自我教育理论为基础，依托信息化与大数据技术的支持，以线上的慕课、微课和线下的翻转课堂为载体，以问题为中心，在教育者指导下培养学习者的学习能力，提高教育效益，促进学习者个性化发展的一种实践活动。它是一种新的教育形态。由此概念可看出，慕课、微课和翻转课堂分别是慕课教育借以实施的线上和线下载体，便于帮助学习者进行个性化学习，实现慕课教育的目标。

（二）慕课的主要组成部分

慕课作为网络开放式在线课程，其基础是网络平台，传授者是教师和各方专家学者，教学的内容是在线视频课程，学习者是慕课网络在线平台的注册学员。因此，在线网络平台、课程、教师和学员都是慕课的主要组成部分。除此之外，互联网技术、资金投入、相关国家政策支持、学校、教育机构和互联网企业的参与以及推动都是其不可或缺的重要组成部分。

1. 网络平台

网络平台是慕课建立的基础。网络平台为慕课课程资源的展示以及慕课课程参与者之间的交流沟通提供了可能。慕课网络在线教育平台是基于互联网技术搭建起来的，它对外公开免费开放，为教师提供授课场所，为学员提供丰富的学习资源，它为学员和教师之间、学员之间搭建沟通交流的平台，实现了学习资源的互动共享。

除此之外，慕课在线网络平台还提供教学管理和学员学习考核等功能。网络平台是慕课在线网络平台重要的组成部分，是个巨大的根据地，承载着慕课教育革命的所有使命。慕课网络平台内部也有分类，根据所服务的教育属性不同可分为服务高等教育的慕课平台、服务基础教育的慕课平台、服务职业教育的慕课平台。

2. 网络视频课程

网络视频课程是慕课在线网络平台的核心组成部分。慕课的课程以在线视频讲授的形式呈现，即授课教师提前录制好的视频，然后传至网络平台。视频课程的录制基于校内传统教学课堂安排，同时也结合互联网的传授特点，通常每一门课程的教学时间是4~16周，但是不同课程的课时数会不同，授课教师根据教学大纲、教学目标和教学内容来具体安排，课时数一般都不会超过16周。每门课程所录制的视频是基于传统1~2个小时的课程，按照知识模块来分解成时长8~15分钟的微视频。慕课微课堂的设计是为了提高学生学习的自主性，使学生自由把握学习进度，学员只有按教师要求完成上一个模块的学习后才可以进入下一个模块的学习。

慕课课程的教学结构主要包括：短视频、嵌入式小测验、课后测验、结业考试、课程讨论区等。慕课网络课堂嵌入式课程测试与评估的设置不仅提高了学员的学习参与度，更是激发了学员的学习热情，提高了教学质量。值得一提的是，慕课网络课堂所有的课程视频学员都可以下载下来重复观看学习。慕课网络课堂的互动性也极强，在平台上有许多极富生气的讨论区，选择同一门课程的学员聚集于其中互相交流，有些授课教师也会积极参与其中或者由教学助理将讨论区中学员热议的问题反馈给教师，然后教师再继续集中解答。有的学员不甘于线上讨论，甚至会通过线上约定一个时间、地点见面讨论学习情况。

慕课网络课堂与其他远程教育或在线教育相比，除实现教育资源的优化共享外，更实现了学员与教师以及学员之间的交互沟通，实现了线上课程测试与考核的结合，它建立起了完整的课程结构，大大提升了学习体验和学习质量。

3. 教师

教师是慕课在线网络平台的主导，任课教师通过录制讲课视频来传授知识。慕课课堂的教师和传统教师的职责不同。虽然都是讲课，但是不再是以往在固定教室里面对面地授课了，慕课网络课堂的任课教师必须根据课程安排提前录制讲课视频，设置微课堂的课堂小测，还必须在课后登录网络平台为学员解答疑难问题，并且慕课网络课堂对任课教师要求很高，不仅要具备专业的知识，还要掌握不同的授课技巧，因为他们要接收全球各个国家、各个阶层人士的学员，需要让更多人的信服和认可。只有专业功底深厚、讲授内容纯熟、讲授方法新颖独特，才可以得到更高的点击率。

4. 学员

学员是慕课在线网络平台的主体，他们不仅参与课程的讲授环节，还参与课程学习交流、课程测试及考核等各个交互环节，并且慕课学员来自全球各个国家，不同种族、不同语言，这些都丰富了慕课网上学习资源的多元多样性。学员们加入慕课也有不同的学习动机、学习需求，有的希望在名师的指点下填补知识空白、完善知识结构，而有的仅仅是兴趣爱好；有的是工作之余的学习充电，而有的是真心想接受新知识，不断学习，掌握社会潮流趋势。

不可否认，技术为慕课的发展提供了多方的便捷，网络的普及使得电脑成为生活必需品，人们已经开始接触并习惯于从网络获取新知识，而大数据、人工智能、云计算等技术的发展为慕课高效共享教育资源提供了便捷。同时，大量资金的投入也是慕课快速发展的一个重要原因。慕课商业化的运作可以吸引更多优质资源，使管理更加规范、运作更加高效。慕课高效运作也离不开国家政策的大力支持与引导，学校互联网企业、教育培训机构是慕课快速发展的推动者，在慕课发展的历程中发挥着倡导和参与的积极作用。

二、慕课教育的基本构成要素

慕课教育作为教育的一种新形态，其构成必然包括教育的两个最基本的要素：教育者和学习者。而教育者和学习者通过教育内容相互作用，进行教育活动。除此之外，慕课教育是信息化社会下的产物，依托信息化与大数据技术的支持，以此社会背景为基础，教育物资也是其要素之一。

（一）教育者

“教育者”简而言之就是从事教育活动的人。内涵决定外延，由于教育的定义不同，对教育者外延的理解也大不相同。基于上述对慕课教育的定义，慕课教育的教育者是指可以促进学习者个性化发展、培养学习者学习能力、提高教育效益的人。而面对教育环境改变所带来的一系列变化，教育者需积极应对。

首先，转变传统观念。“师者，传道授业解惑也。”作为教育者，传道、授业、解惑是其应承担的社会和教育职责，但三者的比重则是不一样的。传统教育中的教育者侧重点在于传道和授业。而历史发展到今天，网络的普及、大数据技术的支持以及信息化的发展，知识传授可以通过线上的方式完成，如微课、慕课等，学习者利用微信、微博等移动客户端自由地选择学习时间和学习地点，教育者无须再将大部分的时间和精力投入知识的传授中，而是需要将关注点放在解惑，即学习者在学习过程中产生的各种疑问，进而促进其个性化发展，达到“事半功倍”的效果。

其次，加强信息素养。在传统的课堂中，教育者进行知识传授大多借助老三样：粉笔、书、教材，对于现代信息技术的运用也多数停留在 PPT 课件上。而在慕课教育的教学中，知识大多以微课或慕课等形式呈现，通过网络让学生进行学习，学习的效果也可以通过网络数据分析得以反馈，那么这就要求教育者除了具备传统的教学能力外，还需掌握音频和视频的制作以及网络客户端等现代信息技术。面对慕课教育，作为主体的教育者应积极学习相关知识，而学校和相关的教育部门也应承担起这个责任。如安徽省教育科学研究院于 2015 年先后安排专业技术人员到本省的 68 所实验学校进行信息技术应用培训，共计培训教师 3000 人。除此之外，还为每所实验学校购置相关书籍，并安排部分学科教研员深入各实验学校开展指导，有效提升了教师信息技术素养和教学应用能力。

再次，提升组织能力。建构主义认为，知识是学习者在他人的帮助下，通过必要的课程资源的学习完成意义建构的过程，而非教育者的传授，那么在慕课教育中，学习者已在课前基于自身知识基础选择适合的方式和内容进行学习，课堂上教育者的主要任务是帮助学习者答疑解惑，通过相互交流的方式对所出现的问题进行讨论和探究，最后以解决问题的方式达到内化知识的目的。在这种教学方式下，教育者需要提升其课堂组织能力，更好地帮助学习者进行互动，并且引导学习者发现问题、探究问题，最后协作解决问题。

最后，把握角色定位。慕课教育以问题为中心，追求的是探究式的学习方法，在彰显学生主体地位、促进学生个性化发展的同时，对教育者的角色提出了新诉求。慕课教育改变的是教与学的方式，故而随着改变的教育者角色在教育过程中体现得较为明显。以翻转课堂为例，翻转课堂将“课堂讲解+课后作业”的教学形式转变为“课前学习+课堂探究”，通过现代教育技术帮助学习者学习课前讲授的知识。在课堂上，教育者的指导和同伴间的协助完成知识的内化，这意味着教师从传统课堂中的知识传授者变成了学生学习的指导者和支持者。

（二）学习者

一切想学习知识的人都可称为学习者，无论有何种学习目的、学习背景或基础。随着技术的发展，进入慕课教育时代，学习方式、可利用的学习媒体和手段都发生了改变。在这种改变下，学习者须做出以下变化。

首先，转变传统观念。观念是人类支配行为的主观意识，人类的行为受行为执行者观念的支配，而观念的形成与转变主要受客观环境的影响。学习者应改变传统观念中“被教育者教育”的身份，把握主动性，围绕问题进行不断探究，促进自身的发展。除此之外，学习者还需转变“学习只能发生在学校之中”的观念，慕课教育的网络平台上有大量免费的学习资源，学习时间和地点也相对自由，即便是已经毕业的学生，只要可以上网，学想学的知识将变成一件容易的事情。

其次，加强信息学习。慕课教育的学习资源大多以微课、慕课的形式呈现在网络平台上，例如，Coursera、Udacity，学习者获取信息的能力和处理信息的能力至关重要。所谓获取信息，就是在学习某一知识点的过程中，去粗取精，获取跟这一知识点相关的所有信息。在获取信息时，需要检索信息并确定信息来源、选择最佳的信息来源。处理信息是一个知识综合的过程，要求学习者综合利用各种信息来源，围绕某一问题去创造新的信息，包括对收集的信息进行归纳、分类、鉴别等。这两个过程都需要教育者在实际的教育过程中细致深入的锻炼学习者。而获取信息、处理信息以及遇到问题时与他人的互动交流等，基本上都需要借助网络技术来实现，故网络技术的应用能力也是学习者必备的学习能力之一。

最后，提高自控能力。随着技术的发展，进入慕课教育时代，学习者可以真正实现自定步调。慕课教育的学习资源大多以音频或视频的形式呈现于网络平台，相对于课堂上的“直播”讲授，学习者更容易根据自己的条件把握学习的节奏，他们的双手可以在暂停键、快进键与快退键之间自如切换，根据自己的接受能力与理解程度调整学习进度的快慢。如某些学习者对某一领域的知识已经了如指掌，他们就可以选择迅速浏览甚至直接跳过这部分内容，而另外一些学习者可能对学习相同内容感到吃力，则可以选择不断重复这部分知识讲解。这项“福利”是需要建立在学习者拥有自控能力的基础之上，网络世界缤纷复杂，不仅可以学习知识，还可以休闲娱乐，等等，当学习者为了学习而打开电脑，但却做着与学习无关的事情，那么即使慕课教育有再大的优势，也无能为力。所以，提高学习者的自控能力，让学习者为自己负责，势在必行。

（三）教育内容

教育内容是教育者和学习者互动的媒介，也是教育者借以实现教育意图、学习者借以实现发展目标的媒介。教育工作的要旨在于根据一定的教育目的以及学习者身心发展规律充分有效地利用教育媒介来促使学习者实现最大发展。目前，慕课教育的内容主要以微课、慕课等方式呈现，以翻转课堂的形式实施，将其分为线上与线下。

线上，顾名思义是指在线学习的方式，线上的教育内容丰富多彩，教育者可以从中选择适合的内容进行使用，也可以自己制作。根据其教学方法的不同，大致可以分为知识讲授型、解题演算型、实验演示型三大类。第一，知识讲授型。知识讲授型的教育内容主要为既成的事实、规则以及历史已经证明的真理，不需要再去探索和证明，这种教育内容以教育者提前录制好的授课视频为主要表现形式。这是最常见、也最重要的一种教育内容。第二，解题演算型。此类教育内容主要适用于对典型例题及习题的讲解，演算过程分析，逻辑推理等，以电子白板、手写演示讲解为主要表现形式。第三，实验演示型。此类教育内容主要是对实验过程演示和重难点讲解，可以使教育者在实验室操作实验的现场视频，也可以是利用网络虚拟动画加教育者旁述讲解，适用于学习者在教育者的指导下，使用一定的设备和材料，通过控制条件的操作过程，引起实验对象的某些变化，从观察的这些现象的变化中获取新知识或验证知识，在实验类课程中较为常见。

线下，其教育内容主要以问题为中心呈现在学校教育的课堂上，其中以翻转课堂为代表。翻转课堂的任务则是帮助学生解决问题，面对不同于花大量时间讲授知识的课堂，教师将会发现自己有好多空余的时间，那么空余的这些课堂时间怎么利用？首先，教师可以用5~10分钟简明扼要的带领学生巩固本节课的教学重点。其次，让学生之间共同协作，以解决所遇到的困惑和不解。再次，通过分析网络教学平台收集到的课前问题，教师带领学生在课堂中进行讨论，并分析总结。对于共性问题，即大多数学生都难以理解或容易出错的问题，教师统一讲解；对于个性问题，教师进行“一对一”的辅导或小型教学。最后，学生将学习的成果以小组汇报、比赛、展示会等方式呈现出来。不同学科的教学内容可以视具体情况而定。比如在一节法律课堂上，教师根据之前提供给学生的教学视频，对时下的某一重大事件进行探讨，并对原始文档进行研究。课堂上留给学生充分的时间对此事件进行辩论、演讲、开展模拟法庭，更深入地探讨所学的知识。

(四) 教育物资

慕课教育的物资是指慕课教育所借助开展教育活动的各种物质资源，按照作用的不同，可大致分为教育媒体和教育辅助手段。

教育媒体是教育内容的载体，是教育活动中教育者与学习者之间传递信息的工具。教育媒体具有多种形式，如教科书、报刊图书资料、黑板、实物标本模型、录音磁带、电视等。随着社会科学技术的发展，教育媒体的形式也越来越丰富。教育内容离不开教育媒体，通过教育媒体的作用，教育内容可被不同的主体所操作，信息也有更多传递和交流的可能。而慕课教育的教育媒体更多与计算机网络相关，一般分为两大类，一类在制作教学视频时所使用的教育媒体，主要包括屏幕录像软件、PowerPoint、交互式电子白板、绘图工具。另一类是交流互动平台。慕课教育多通过网络来实现，教育者教和学习者学中所遇到的问题或得到的启发需要借助一个平台来进行交流，如在线论坛、博客、在线实验室等，目前已经有不少学校和教育机构致力此类互动平台的开发。

教育活动的开展，除了教育媒体的参与，还需要一些辅助手段，这些辅助手段虽然并非信息传递的载体，但在某种情况下却是必须具备的工具或手段。作为教育辅助手段的微信、录音机、计算机等现都已被用于慕课教育领域。如安师大附小已开通属于本校的微信公众号，根据低年级和高年级的学生特点，发布一些适合学生学习的知识。除此之外设有家长学校，其目的是帮助家长更好地了解学生的发展特点，一年级的学生，家长要注重培养孩子主动生活的能力，二年级的学生，则要培养其快乐学习的能力。

三、学校英语课程中使用慕课教学的作用

（一）慕课顺应英语教学改革

信息技术已经融入人们生活的方方面面，学生通过互联网获得知识的途径越来越多。学生通过在线慕课接受最出色教师精心的课程设计，不仅丰富了学习资源，而且给自由学习、自主学习提供了方便。

（二）慕课适应英语课程要求

慕课是信息时代的产物，并且完善了教学资源，更好地为学生提供服务。慕课教学有以下优点：首先，通过慕课可以帮助学生巩固和复习已学知识。因为慕课上有作业供学生随时练习，不受时间和空间制约，非常方便。其次，通过慕课可以扩大学生的知识面，扩充其知识量，使其学到在学校接触不到的知识，也可以学习一些感兴趣的课程。总之，慕课可以促进教学资源的共享，满足学生的多种学习需要，预防其思维固化。

（三）慕课提供免费、丰富、开放性学习资源

慕课教学没有时空限制，所有学生只要在慕课平台注册了账号，就可以学习想学的知识。由于我国人口众多，难免会出现教育资源分布不平衡的现象，通过慕课教学，可以有效地解决这一问题，从而促进整体教育水平的提升。慕课平台上有题材、内容丰富多样的微课，涉及文化、社会生活等多方面内容，能提高学生的积极性。

（四）慕课对英语教师产生的影响

只要有网络，学生就可以挑选名师进行学习。在这种情况下，第一，英语教师只有不断“充电”，提高自身的专业素质，才能通过丰富的学识展现自己的人格魅力，得到学生的喜爱。第二，学生通过慕课平台学习是自愿主动参与知识的搭建历程，还需要教师创新教学理念，加强团队合作意识。教师“单打独斗”是不行的，只有根据慕课教学要求，扬长避短，发挥人才优势互补，精心选择并巧妙设计，才能开发出一流的慕课课程。第三，改变教学模式。传统的英语教学以教师为主导，但是慕课教学恰恰相反，让学生成为主角，教师提供必要的帮助即可。

四、慕课应用于英语教学的可行性

（一）慕课满足了信息时代的英语教学改革

伴随着信息技术和互联网技术的发展，学生可以不受时间和地点的限制体验名师教学。在互联网在线教学背景下，慕课拥有优秀的教师团队和完善的课程设计，能很好地帮助学生预习或者复习，为其自学提供条件。最重要的是，学生可以自由支配学习时间，实现自主学习。

（二）慕课符合教育改革下的英语课程要求

在信息时代，教师应充分利用网络资源，整合优化教学资源，特别是英语课堂，以更好地为学生服务。慕课是一个很好的途径，理由如下：首先，慕课是时代发展的产物，不仅可以很好地丰富课堂练习，而且有针对每个知识点的教学视频，能更好地让学生掌握教学内容。其次，慕课在每个对应的知识点讲解后都有相应的练习，能检测学生的学习情况，以便其更好地调整学习方法。这充分体现了教育改革下的英语课程要求，即满足不同学生的需求。

五、慕课影响下英语教学改革的策略与方法

（一）科学设计、整体规划以慕课为基础的英语教学

英语教学的主要任务是培养学生的语言交际能力。教师要将理论与实际相结合，依据自己的实际情况，清楚课程定位，明白教学要求，并根据慕课平台的特点，精心设计内容，把每个课程内容分成多个模块，如新课预习、巩固练习、考试测验等，采用线上微课和线下辅导“双管”齐下的方法展开教学。线上微课可以让学生预习并系统学习每个单元的知识点。至于学习重难点，慕课平台上可以设置小组交流和分组讨论环节，使学生理解和掌握所有知识点。当然，在教学过程中，教师要时刻关注学生，帮助他们掌握不清楚或者不懂的知识，从而培养其英语综合运用能力。

（二）创新教学模式，推进慕课教学

目前，大多数教师把传统方式和网络教学融为一体，扩充和丰富了教学手段和教学模式。当然，教师借助慕课教学，必须保证教学质量，而不是让慕课教学流于形式。根据慕

课的特点，教师可以录制丰富多彩的视频。这种短小精悍、高质量的微课视频为学生不同时间、地点的学习提供了方便，使其将零碎的时间都用来学习。这样，学生不仅充实了生活，还大大提高了学习效率。微课的形式五花八门，可以是动画、PPT 演示文稿也可以是文字材料、音频、图片等。学生若在学习微课过程中有疑惑，可以线下与教师面对面讨论、交流并解决。经过线上、线下的共同努力，学生可以更好地掌握重点，突破难点，从而提升学习效率。除了与教师讨论交流外，教师还可以依据教学内容及每个学生的学习情况，合理划分小组，并选出小组长。每个小组成员如果遇到问题，可以上报给小组长，先在小组内自己解决，实在处理不了的问题，再找教师解决。小组成员还可以一起上慕课共同在线练习，巩固所学知识。当然，小组成员可以组织课堂讨论、情境表演、写作训练等活动，巩固重点知识。总之，慕课能让学生提高英语综合运用能力。

（三）加强师资队伍建设，提升教学水平

慕课教学平台上有许多学科前沿教学资源，为培训教师提供了便利。教师通过慕课平台，不仅可以发布自己的授课视频，还可以学习最新的专业知识，从而完善和提高自身专业水平。通过慕课，教师可以把自己学到的新知识传授给学生，从而让教学水平总体上得到提高。慕课可以为教师搭建交流、沟通平台，让其上传教学视频、教学内容和课堂问题处理情况等，相互学习彼此的优点，改正缺点，改变传统教学中因缺乏教师之间的合作使教学进入重复、低效的困境。优秀的慕课教学视频离不开教师团队的力量、教学资源的分享。优秀的慕课能促使教师之间相互学习，持续提高整体教学水平。

（四）推进慕课建设，实现资源共享

计算机和网络的广泛使用为计算机辅助教学走入校园提供了有力保障。学生通过慕课平台的微课视频学习英语专业知识成了共识。由于慕课的开放性，为学生在慕课平台上学习提供了便利。当然，学校可以为教师和学生创建沟通区域，让学生学习到教师提供的英语资料、课程视频及课后作业等内容。慕课平台有多种形式的优质教学资源，为我国英语教学提供了参考，有助于提高教师的整体素质。当然，虽然慕课创新了英语教学模式，但并不能取代传统教学，仍需要教师继续努力，找到适合的路径，最终使英语教学得到不断发展和提高。

慕课教学科学新颖、合理，在英语教学中运用慕课，不仅能创新英语教学模式，还能促进教师素质的提升。学生通过努力将改变高分低能的现状，提高英语综合运用能力。

第六章　英语模块化教学模式的创新

第一节　英语模块化教学模式综述

一、教学理论

模块化教学主要以多元智力理论、建构主义学习评价理论和系统的整体观念为基础。

多元智力理论认为，人类至少有 7 种认识世界的智力方式，即语言、数理逻辑、视觉空间、身体动作、音乐、人际和自我等。不同的人擅长用不同的智力方式进行学习，因而人类的知识表征与学习方式有许多不同的形态，个别差异在教学中不可忽视。以单一的教学评价方式来评价学生的学习成绩肯定存在局限性，只有学生自己参与到学习评价中，用多种评价手段和方法来衡量不同的学生，才可能真正发挥评价的功能，培养出具有分析、思考、解决问题能力的学生，让他们发挥其所长。

建构主义的核心观点是知识的建构；学习通过社会性的相互作用而得以促进；学习应在复杂且真实的人物情境中进行；在教学过程中主张以学生为中心的教学。关于学习评价，建构主义认为，它应基于动态地、持续地、不断地呈现学习者进步的学习过程以及教师所采用的教学策略和所创设的学习环境。评价的目的不是为了证明，而是为了改进，评价是为决策提供有用信息的过程。关于评价准则，建构主义认为，学生最终必须在自己经历和所具有的知识背景中解释信息并构建跟他们的需要、背景和兴趣相关的解释。因此，建构主义的学习评价关注的是由学生自己建构起来的外部世界有意义的、具有概念功能的表征。

模块化教学也以系统的整体观念为基础。它源于美国贝塔朗菲（Bertalanffy）提出的“系统论”观点，将“整体功能大于部分功能之和”作为整体优化理论的核心。

由于同时具备了综合性与独立性、个性化与灵活性等特点，自 20 世纪 90 年代起，模块化教学迅速在各学科教育领域中兴起，尤其是在英语教学方面的应用极为广泛。系统论下的英语模块化教学将英语分成知识模块、技能模块和拓展模块。知识模块包括语音模块、词汇模块和语法模块；技能模块包括听说模块、阅读模块、写作模块和翻译模块；拓展模块包括选修课和多种形式的第二课堂活动。通过模块式教学能产生超出累加的教学效果，迅速提高学生的单项英语水平，达到提高学生英语综合应用能力的目的。

二、教学思想

以人为本，以学生为中心，尊重学生发展的个性和语言学习的规律，促进学生的创造力和个性的发展。

三、教学理念

通过为学生创造第二语言习得环境，促进学生语言学习的真实性；根据学生的不同水平和能力制定相应的教学目标，选用合适的教学材料，利用不同的教学手段，充分利用学生的个性化特点，为学生提供自主学习和个性化发展的平台，充分调动学生学习的积极性和主动性，激发学生的学习兴趣，从而营造良好的英语学习氛围，使学生在适合个体发展的环境中学习，达到理想的教学效果。

四、教学目标

“以学生为主体，以能力为本位”是模块化教学的方向。由于生长环境、受教育过程、性格、能力以及学习期望值的差异影响，学生对未来工作的设想与要求各不相同。在设置英语课程模块前，教师应充分了解学生的特殊需求，进行需求分类与分析，制定相应措施，满足学生个性化的学习需求，发展他们的特殊技能，使每一个学生找到自我提高、自我发展的平台，形成健康的价值观与学习观，以全面实现高等教育的教学目标。

围绕不同的课堂和教学目的，教师分别对学生进行听、说、读、写、译等方面的能力训练，同时强调提高学生的综合水平，培养他们实际运用语言的能力，以适应我国经济发展和国际交流的需要。

五、操作程序

要实施模块化教学，首要任务就是要确定教学内容和培养目标，然后根据培养目标将课程分解成若干模块，以实现不同的教学目的。

就英语而言，首先，要抓住其“通识”的特点，教材选择要以培养学生的语言应用能力，提高人文素养为主。教材内容应为课堂教学提供最佳的语言样本和完善的系统性，应具备活动性与语言性。其次，教材内容应不同程度地倾向于特殊用途或行业模块，在不同的学习阶段，实施不同的教学计划，比如第一和第二学期以每周四课时的教学量完成综合英语基础知识的教学，夯实学生的英语语言基本功，提高他们的基本语言技能。第三学期实施每周两课时的听、说、读、写、译方面的专项语言技能训练。第四学期进行特殊用途的模块化教学，以培养掌握行业英语的能力。教师可根据学生所处的不同教学系及不同的专业选择不同的英语教材：实用英语口语教学、实用英语写作教学、实用英语翻译教学、商务英语、旅游英语、酒店管理英语、文秘英语、法律英语、物流英语、中药材英语等，以实现英语模块化教学的应用性和实用性。此外，每个模块都要围绕特定的培养目标和相关的专业知识相搭配，组成一个具有一定内在联系的“学习链”或“学习园”，为学生步入社会做好充分的准备。最后，教材还应注意思想性、科学性和趣味性，要处理好知识性与可思性、系统性与灵活性、可接受性与前瞻性、语言典范与时代气息之间的关系。

六、辅助手段

在教学过程中借助现代信息技术，特别是网络技术的支持，利用多媒体、网络课件、语言实验室等现代化教学手段和校园英语文化建设等，使学生随时随地都能进行英语学习，打破英语学习的时空限制。同时，学校应加强新教师的培养。

七、主要特点

（一）克服传统教学模式的弊端

英语模块化教学能很好地克服传统教学模式的弊端，即每学期固定的教学时间与一刀切的教材；单调地统一期中、期末考试和评价标准，静态、单向的评价结果。相反，灵活的模块化英语教学能有效地调动起教与学双方的好奇心、兴趣和动力，特别是自评与互评的新评价体系有利于教、学双方自觉形成教学元认知策略，实现教学相长。

（二）教师可实施有效的教学组织

英语的不同模块大多是在一个学期内完成学习、考核的。这使得英语教学结构更为紧凑，能够促使学生在规定的时间内较快地完成学业，实现期望目标，产生成就感。

（三）个性化的学习过程

不同的模块教学能够为学生的个性化发展提供机会。小巧、灵活但又彼此相互联系的模块比单调、冗长的英语教材更具吸引力和感染力，因为学生可根据个性、爱好与需求自由地选择不同的模块课程。

（四）立体化的课堂评价体系

立体化的课堂评价体系可使更多的学生体验到成功学习的经验，使他们在心理、学习层面以及能力等方面得以长期的提高和发展，形成好学、乐学的教学风尚，从而使英语课堂教学效果更佳。

八、英语模块化教学的作用与优点

（一）英语模块化教学作用

英语模块化教学的作用是使英语课程多样化，由原来的单一课文的学习转变为多维多元的模块化学习。这样，学生可以针对自己的弱项调整学习方法，多方面、多角度地发展，顺利地通过英语考试的同时，也提高了自己的英语综合应用水平。对于教师来说，他们在模块化教学改革的过程中得到了锻炼，提高了自身的素质，从单一的精读教学转变为不同模块的教学，听力、阅读、写作和综合等四大模块的多维度讲授。在改革中不断地完善和充实自我，从而全面提高英语教学水平。从教学组织来看，英语模块便于学校合理而灵活地安排课程，丰富学生的英语学习科目，从而保证学生集中有效地学习。其优点是：①突出学生的需要；②突出学生个性化；③突出灵活性；④突出实践性。模块化教学紧紧围绕对人才的需求，安排和调整教学内容，培养学生与未来所从事职业相适应的能力，使其成为能够掌握多种技能的应用型人才。

（二）英语模块化教学的优点

在传统的英语教学模式下，所有英语课程大都采取相同的模式，按照统一的教材、统一的进度安排授课，而没有考虑学生的专业和未来的工作岗位对英语的实际需求。模块化进阶教学可以结合不同专业特色开展教学，如国际贸易专业可以侧重于听说和写作模块的教学；建筑工程专业和机械制造专业则要侧重于阅读模块和翻译教学，使学生通过阅读来了解吸收国外最先进的技术和工艺，为未来成功就业打下坚实的基础。对于教师而言，可以使教师队伍更趋于专业化：教师可以根据自己的爱好和特长选择其中一或两个教学模块，认真钻研，相同兴趣的教师一起组成科研团队，共同进行模块化教学研究，申报相关科研课题。在国内，模块化教学的应用主要集中在职业教育方面，具体到英语教学来讲，模块化教学多用于高职英语教学和商务英语教学。然而，目前研究模块化教学在英语中的应用的课题较少。在教学要求上根据我国英语教学的现状，分为一般要求、较高要求和更高要求。这些多层次的要求是难以通过开设一门课或编写一本教材来实现的，这便需要我们实行模块化教学。

模块化教学的基本思想是在一定的时间内组织一定的学生按照一定的目标进行学习。其优点为：第一，将英国教育制度的严格和深度与美国教育制度的灵活和宽度妥善结合；第二，学生可以根据自己的英语水平、进度和兴趣进行学习，充分发挥潜力；第三，学生可以在学习英语的过程中，学习不同学科的知识。模块教学使语言技能知识、真实情境和实际运用语言能力这三者之间得到了统一。

九、英语模块化教学改革的重要意义

由于学生的英语水平参差不齐，传统单一的教学模式已经无法适应新的教学目标的要求，为适应个性化教学的实际需要，采用"因材施教、分类指导"的教学基本原则势在必行。分模块教学可以确保我们采用多样化、个性化的教学手段，最大限度地挖掘学生的潜能，实现"从差异出发达到消灭差异"的理论构想：在需求分析理论和建构主义理论的基础上建立起来的英语模块化教学，能够最大限度地满足教学需求，体现教学的个性化，培养学生学习的自主性。英语模块化教学模式是顺应教学改革和发展趋势所进行的教学尝试，教师模块化授课的模式从根本上不仅促进授课方式、学习方式、教学制度和教学管理体制的相应变革，也对授课理念的多元化及丰富性起到支持、促进和完善，甚至超越的作用，充分体现分层优化、分类指导、因材施教、主体参与、整体推进的教学原则。学生可以各尽其能、各有所获，主动地获取知识，大面积地提高学习成绩。这种模式的完善和发展将会使教学改革与课程改革显现出一种良性的互动，共同支撑英语教学向前发展。通过分模块教学的实施，教师可以探究如何解决学生在英语学习过程中长时间呈现的僵化问题，改变大部分教师根深蒂固的授课形式，同时也使学生提高课上的听课效率与课下的英语学习自主性，激发学生的学习兴趣，增加学生学习的主观能动性，全面提高学生英语语言的听、说、读、写、译等各种专项技能。

（一）分模块教学，有利于因材施教

因材施教是指教师从学生的实际情况出发，充分考虑学生之间的个别差异，有的放矢地进行教育。班级授课制是目前学校教育中的基本组织形式，它的最大弊端是教学步调统一，难以照顾学生的个别差异，不利于因材施教。因材施教就是针对学习者不同的语言能

力、认知风格、动机、态度和性格等个体差异施行不同的教学要求、教学方法和教学模式。承认差异，张扬个性，做到既不压制学习基础好的学生，又不放弃学习基础弱的学生，使每个学生在最适合自己的学习环境中求得最佳的发展。

（二）分模块教学，有利于促进学生的个性发展

分模块教学为不同水平的学生制定相应的教学目标和教学内容，选取不同的教材和教学手段，充分强调个性化教学和自主学习能力，使学生能随时了解自己的学习状况，选择适合自己的学习内容，从而达到最佳学习效果，取得个人真正意义上的进步。分模块教学以学生为中心，对不同层级的学生因材施教，为他们提供自主学习和个性化发展的良好平台。分模块教学采取了因人而异的竞争机制，充分调动了学生的学习主动性和积极性，激发了他们的学习兴趣，从而营造出良好的英语学习氛围，使学生在适合个体发展的环境中学习。

（三）分模块教学，有利于优化教学资源和提高教师教学积极性

在新型的分模块教学模式下，学校可根据不同层次的教学目标，合理配备师资，为每位教师提供充分发挥的空间。与此同时，学生也能享受到优质的教学资源。分模块教学在调动教师教学积极性的同时，更加强调教师教学备课、更有针对性，教师对不同层次的学生情况了如指掌，从全局出发组织教学，因材施教，有效提高教学效率，从而达到事半功倍的效果。同时，分模块教学有利于教师关注本层次中的每一位学生，有利于形成良好的师生感情。

第二节　英语课程设置中的语言模块和功能模块

一、英语课程设置中的语言模块

（一）语言技能模块

在面对英语教学的本质目的时、在学生需要英语交际实践时，我们必须承认传统英语教学的手段存在不足之处。除本能外，其他的能力均来源于实践。语言技能也是如此，因此培养语言技能必须通过语言实践。可见，语言技能是语言实践的前提，英语教学的目的

是要培养学生的语言技能。因此，英语教学应明确把巩固学生基础知识、培养听、说、读、写技能和提高运用英语进行交流的能力作为重要任务。学生的英语交际能力要通过大量的专项和综合性的语言实践活动，形成综合语言运用能力，为真实的语言交际打下基础。

（二）语言文化模块

1. 跨文化交际

当前我国学校英语正在积极推行跨文化交际教学，这种教学模式之所以盛行是由多种因素形成的合力所致。一方面是我国对外开放的不断深入对人才跨文化交际能力要求的推动，另一方面是英语语言教学的根本目标与当前学校英语教学对跨文化交际能力和意识的训练和培养不够。鉴于此，针对当前我国学校英语跨文化交际教学的现状，本书尝试从英语教学理念，英语课程设置与教材选用，英语教学模式与方式、平台等方面探究如何全方位推动我国学校英语跨文化交际教学的可持续发展。

针对学校英语教学现状，跨文化交际教学应该多管齐下，采取多种措施，比如构建新型的交际型教学理念、教学模式、教学方法和教学课程教材等，形成合力，以便推动英语跨文化教学的实施和发展。

（1）在教学理念上，当前英语跨文化交际教学务必要树立语言教学与文化教学并重的理念，积极建构跨文化与跨语言交际的教学理念，将这种理念贯穿于英语的整个教学过程中。

（2）在教学模式上，当前英语跨文化交际教学务必要积极推进建构交际式的教学模式，告别传统的纯语言教学模式，形成一种跨文化与跨语言教学相互整合的教学模式。

（3）在课程设置与教材编写、选用上，要科学设计英语跨文化交际教学的课程体系，同时注重相应的教材选用。

（4）在教学方法上，坚持文化输入与输出教学模式，积极推行各种有益于跨文化与跨语言交际教学的办法与措施。

一是教师作为执教者，务必要通过各种方法与途径，全力增强自身跨文化交际的意识、知识、能力与素质，促使自身树立起科学的、持久的跨文化交际意识，为学生跨文化交际的学习做好榜样，起到示范作用。

二是教师要积极采取科学的教学方法，全力培养与提高学生跨文化交际意识和能力，具体可采取以下方法：第一，教师务必要积极利用课堂教学这个主阵地，综合运用各种方法，注重文化与语言知识的点滴渗透，全力培养和强化学生的跨文化意识，提高其跨文化交际能力，比如采用中西文化对比办法，借此增强学生对各种文化的理解；采用实物与语言文化对照讲授法，推进学生对目的语文化知识的直观理解；采用建构主义视角的任务教学法，设置跨文化教学任务，督导学生协作完成，积极采用讨论法，就英语教材中的文化知识与中西方文化现象等畅所欲言。第二，教师务必要充分利用课外时间，强化学生的跨文化交际意识和能力提高训练，比如引导学生拓宽读书的范围，尽可能阅读原版英美文学名著、报纸和杂志；不定期邀请英语文化专家到校开办文化讲座；开设英语角和成立英语沙龙等文化俱乐部；加强学生母语文化的学习和理解，等等。

总之，跨文化交际能力是一个非常重大也很复杂的课题，对于英语教学更是提到了重中之重的地位，但是如何有步骤、有规律地培养学生的跨文化交际能力呢？这个仍然处在不断的摸索之中。我们的基本观点是要鼓励学生学习中外先进文化，不排外，不崇洋，更不小看中华传统文化。另外，要坚持实践才是提高学生跨文化交际能力的关键；在教学过程中应该侧重对学生整体素质的培养，淡化文化对比，也不能过分强调移情的作用。当前我国学校英语跨文化交际教学是在改革开放和全球化背景下产生的，虽然实施了很多年，但是从理论到实践都还有许多值得探究的地方。

2. 英文报刊选读

英文报刊以其内容广泛、体裁多样、语言新颖成为学习英语的绝佳阅读材料。但这些特点也给教学带来了困难。

英文报刊阅读课是针对学校英语专业高年级学生所开的一门专业课。英文报刊内容新颖、广泛、贴近生活，能激发学生的阅读兴趣，帮助学生扩大知识面，提高收集、组织信息的能力和分析思考问题的能力。英文报刊的文章体裁灵活多样，语言丰富、新颖、简洁、生动，能帮助学生扩大词汇量，提高构句谋篇的能力。因此，英文报刊能弥补传统阅读教材内容与时代脱节、语言陈旧等不足。

英文报刊在教学中的教学模式和方法有以下几种。

（1）教师应尽量找一些文字活泼、吸引学生兴趣的英文文章供学生阅读。和中文报刊一样，英文报刊能够给读者提供大量丰富的阅读信息。阅读与自己水平相适合的英文报刊，能够使学生在充满兴趣的阅读过程中学习到新的知识，提高他们的英文水平，这是利用英文报刊进行教学的根本目标。因此，教师选择适合学生阅读和学习的英文报刊文章，尤其是对刚入学的大一新生来说，是能否激起学生兴趣、将英文报刊这门课继续下去的关键。在选择英文报刊时，教师应尽量选择一些文字活泼、笔调清新、内容妙趣横生、有时代感的文章。这样的文章往往能够激发学生的兴趣，使他们由阅读变成爱读，在阅读这些英文文章中逐渐学习到新的语言知识和文化知识。

传统阅读课往往采用一本或几本固定的教材或参考书上的阅读材料。而英文报刊文章一旦编辑成书，往往已经丧失时效性，违背了新闻“新”的首要原则，因此教师应该寻找教科书以外的阅读材料。

英文报刊阅读课的阅读材料的选择应遵循时效性强、内容广泛、突出重点、原汁原味的原则。

时效性强是指所选文章分析报道的是新近发生的事。时效性是新闻的灵魂，否则“新闻”就成了“旧闻”。新近发生的事往往和学生的生活比较贴近，较容易激发学生的阅读兴趣。

内容广泛是指所选文章内容应尽可能广泛，这有利于扩大学生的知识面。内容可包括时事、政治、经济、科技、艺术、生活、广告、爱情婚姻、心理健康、科普知识、网络通信、名人逸事等。

突出重点是指在内容广泛的前提下重点选择时事热点和学生普遍关心的话题。调查表明，当今学生普遍关心的话题有：重大时事、科技发展、工作求职、爱情婚姻、心理健康等。

原汁原味是指应尽量选择英语国家出版的报刊。因为这些报刊上的文章语言最为地道，且是英语国家社会生活的生动载体，有利于学生了解这些国家的文化和人们的想法。鉴于我国许多学校未订阅国外报刊，教师可从网上下载。同时，教师也可提出一定的主题，组织学生从网上下载相关的报刊文章。

（2）教师需因材施教。教与学是一种双向的互动。对于那些基础较弱的学生，教师应该有耐心地为他们补充欠缺的知识，在补习的基础上对学生进行知识的提高；对于贪玩的学生，教师可以与他们像朋友一样进行鼓励、教育和疏导，让他们认识到学习的重要性。

由于学生的基础不同、学习习惯和学习态度不同，又因为即使简单的英文报刊也有一定量的英文生单词这一特点，所以教师在教授这门课时，要将“由浅入深”和“深入浅出”两种教学方法相结合进行教学。“由浅入深”就是教师在讲授一些学生不了解的英文报刊所涉及的知识时，要以学生所了解或者熟知的知识进行导入，这就是我们常说的“以老带新”，即以学生熟悉的“老知识”带动学生学习新的知识。“深入浅出”就是用浅显易懂的语言来解释一个比较复杂的问题，以便将这个问题简单化，便于学生理解。

（3）尽量培养学生的阅读习惯。一般性的阅读都是在轻松自如的气氛下进行的。这时的阅读常常是跳跃式进行的。但是学校阅读应当培养学生同时具有精读和泛读的能力。这就要求教师利用课堂时间对学生分时段地进行精读和泛读的讲解和能力的培养。可以说，教师的努力对培养学生对英文报刊的阅读能力和习惯有极大的影响和促进作用。

（4）为学生讲解英文报刊所涉及的文化背景知识。英文报刊的阅读不仅仅是学生大脑的简单运转，更是学生们对文字意思进行分析、理解、思考和记忆的过程。学生对文章背景知识的了解直接影响了学生对文章的理解和对知识的吸收和掌握。因此，教师在对一篇英文文章进行讲授前，如有必要，要为学生讲解一下这篇文章的写作背景及所涉及的文化句法、语法等现象。

英文报刊文章中包含极为丰富的背景知识。调查显示，背景知识的缺乏是阻碍学生阅读理解的重要原因之一。因此，帮助学生掌握必要的背景知识是教学的一项重要内容。

英文报刊背景知识可分为：新闻学简介，主要英文报刊简介，英语国家的政治、经济、地理、历史、科学、文化、生活等各方面知识。教学方法主要有教师口头介绍，演示解说文字、图片、影片等。此外，教师还可组织学生查找、阅读关于同一主题的不同文章，再就这一主题进行讨论分析，使学生在自主阅读和讨论中丰富背景知识。

（5）运用现代教学设备和教学方法。随着科学技术的进步，计算机已经进入了学校课堂，英语教师在教学过程中应充分利用现代教学设备来提高学生的兴趣、充实课堂知识、将复杂的英文语法和句法等现象变得浅显易懂。在英文报刊教学过程中，教师可以将教学的重、难点制作成幻灯片放到大屏幕上，为学生讲解；也可以将学生在课上提出的问题，利用计算机投射到大屏幕上，为学生讲解。

（6）英文报刊文体的教学。英文报刊的文体主要分为报道、特写、社论和评论等。它们各有特点：报道注重内容的时效性、真实性，文字简洁；特写则是再现新闻事件的形象化报道，结构和写作手法吸取新闻报道和文艺作品的长处；社论是表达报纸或杂志的编辑部观点的权威性评论，文字比较严肃；而评论是发表在报道之后的署名评论文章，文字通常比较活泼。

教学方法主要包括教师对不同文体特点的介绍，组织学生进行对比阅读。例如，对于神舟六号升空这一新闻事件，教师可组织学生对比阅读相关报道、特写、社评和评论，并讨论不同文体的特点和区别；教师还可要求他们在不同文体之间进行改写。

3. 中西方文化比较

随着全球化影响的不断扩大，英语作为世界上使用最广泛的语言在各国掀起了学习热潮。随着我国与国际社会交流的日益频繁以及社会上用人单位对应聘者英语水平要求的不断提高，过去传统的英语教学方法只注重语言知识的传授，忽视语用，已不再适应社会的需要。然而要达到学以致用，在英语教学中加强文化导入是关键。在英语教学中引入英语国家的相关文化并将其与中国文化进行比较，有助于学生对英语的理解和使用，促进他们对语言本身的掌握。世界上每一个民族与国家都有自己的文化背景、风俗习惯。每一个民族都有自己的语言表达方式，语言是民族文化的重要标志，当今世界跨文化交际已日趋重要。因此，在英语教学中，如何贯穿西方文化理念，教育学生适应西方用语习惯，避免汉式英语出现是英语教学工作的重要内容。

二、英语课程设置中的功能模块

（一）专门用途英语模块

1. 商务英语

学校作为向社会输送人才的基地，必须紧跟时代步伐，培养符合时代要求的商务英语专业复合应用型人才，然而由于教学模式未能及时更新，还停留在传统教学方法上，导致教师对自身定位不足，未能及时关注学生的专业知识与实际交流能力，学生过于被动接受知识，不注重实践，制约了他们的全面发展，因此，及时引进模块化教学模式可以有效推进高等商务英语的改革，有效提高教学质量。

（1）商务英语模块化教学的内容

模块化教学概念是20世纪70年代提出的，是一种注重以现场教学为主、以技能培训为核心的教学模式，其理论内涵即在确定教学目标后将教学内容合理划分为多个子模块，并制定各自模块对应的教学子目标，各子模块既相互独立又相互关联，各子目标以教学目标为出发点，分点完成，使最后所实现的整体功能大于部分之和，即在高等商务英语中实现其教学总目标。此外，模块化教学在教与学之间注重构建一个动态教学体系，在理论学习和操作训练中寻求一个最佳平衡点，是众多教学模式中比较符合商务英语教学培养要求的一种教学模式。

（2）模块化教学法在高等商务英语中的实施

一般来说，模块化教学法在高等商务英语教学中的运用可从以下几个方面进行讨论。

①课前安排。首先，教师要联系实际，摒弃以往僵化的英语学习结果考察方式，及时对商务英语模块化教学的教学目标和教学计划进行动态调整，确保教学相长、循序渐进和学练结合，为商务英语课堂教学打下坚定基础。其次，教师要以批判性眼光看待国内现有商务英语教材，汲取较为成熟的国外商务英语教材中的精华，在保证商务英语教学质量和教学水平的条件下由专业的专家教授就本校商务英语学习情况来选择或者编写合适的教材，以保证各科任教教师制订授课计划的科学性。最后，学校要注重模块化教学在商务英语中运用的方法的研究，定期对教师进行教研培训，考察教师设计课程内容的科学合理性以及可行性，并鼓励教师在不脱离基本培养目标的前提下多进行模块化教学方法的深入探

讨以及与其他教学方法进行有机结合的方法。

②小组合作。在进行商务英语学习之前，主要强调打好基础，以学生为主体、教师为主导，革新教学方法来强化基础知识的学习。教师可以对全班学生进行小组划分，一般一组以3~6人为宜，也可结合实际来确定各组成员人数。在了解每个学生知识接受程度、学习能力、学习成绩、个性爱好等方面的基础上，采取互补式小组组合，比如每个组要合理分配好成绩好与成绩一般的学生比例，用“一帮一”形式来让成绩好的学生带动成绩一般的学生进行商务英语学习，以期共同进步；把认知方式不同的学生分在一起，在他们进行课程基础知识学习的时候可以由于认知与接受程度不同相互讨论，共同探索，以期取长补短，相互强化。同时，教师要保证每组的综合素质能力大致接近，使得各组间公平竞争，切实巩固提高大多数学生的基础知识，为学生进行基本英语听、说、读、写技能练习提供一个良好的氛围。在进行课堂教学的时候，教师要通过多种方法的结合来优化学生的学习情境，既让学生身临其境地体验商务英语的魅力，又调动了学生的积极性。

③任务安排。在日常商务英语教学中安排学习任务的时候，教师采用模块化教学法更有利于学生对知识点的理解，具体做法是将一定的学习任务与教学过程相融合，然后再由此引出教学目标和教学内容，以引起学生学习的兴趣。教师首先要吃透教材，确定好教学的目标、重点以及难点，然后由教材出发，结合学生的个性化发展特点，来确立相关的教学任务。

④应用实践。通过以上步骤，学生对商务英语的基础理论和课堂运用能力都会有所提升，接下来教师应该多培养学生的应用实践能力，要及时对需要帮助的学生加以指导，以保证每个学生都能顺利完成相关课题的应用实践研究。比如，鼓励学生多参加校内商务英语相关竞赛，让学生转换课堂学习者的身份，从竞赛中学习与体味商务英语的更多知识，并参与到商务英语的实际应用中；或者鼓励学生多进行角色扮演，比如课本中有关旅馆入住等情景的对话，可以安排学生自己编剧本并表演，在这种轻松愉快的氛围中加深巩固学生对课本的理解；或者请来与专业相关的外籍人士来与学生近距离地交流商务英语，让学生能真正锻炼自己的英语口头表述能力，及时弥补不足，增强学习的信心以及加强涉外事务中个人肢体动作和职场礼仪的学习。

2. 科技英语

科技英语，一般指在自然科学和工程技术方面的科学著作、论文、教科书、科技报告和学术讲演中所使用的英语。科技英语在许多国家已经成为现代英语的一个专门的新领域。随着科技的发展与全球经济一体化的逐步深入，科技英语越来越彰显出其重要性。因此，世界上许多国家都设立了科技英语研究机构，并在大学中设立了相关专业。

（1）稳定性

大量使用专业词汇、复合词、缩略词及利用前后缀构成的派生词。专业词汇意义专一，用来表示明确的含义。英语是一门借来语言，大多数英语词汇源于古希腊语和拉丁语，同时这两种语言也是科技英语的根源所在。

（2）专业化

英语单词一词多义的现象非常常见。在科技英语中，这点体现同样很突出。

（3）多样化

科技英语构词方式灵活多样，常采用截短法和缩略法。截短法指的是将词的部分截缩而构成新词，如 parachute–chute（降落伞）。缩略法指的是将词组中的每个词的首字母加在一起构成新词，即英语构词法中的首字母缩略词，如 UFO。

3. 旅游英语

（1）旅游英语的课程定位

我们通过网络搜索发现，旅游管理专业无论是自立成院或是在地理历史、工商管理下设，其课程内容都有“旅游英语”这一课程，无论是酒店方向，还是旅游管理方向，都把“旅游英语”作为学位必修课，每周课时分配为 6~8 学时。除了基础英语之外，各个旅游专业都开设了不同的英语课程。如宾馆英语、英语口语、英语写作、外教课等。课程以旅游英语为主、其他英语课程为辅，并在高年级会开设第二外语等。可以看出，“旅游英语”课程在旅游院校中有较为重要的地位，它不仅是学生了解旅游中“吃、住、行、游、购、娱”的 6 大工作模块，也使学生具备较强的英语交际能力，并成为日后学生核心竞争力的重要部分。本科旅游英语是一门以介绍旅游英语知识理论与旅游英语实操并重的课程，它集旅游常识、各个国家的习俗、旅游服务及景点介绍为一体，强调的是使学生将所学的知识和技能在实践中有所应用。

（2）旅游英语教学策略

①培养学生的跨文化意识。在培养跨文化交际能力的道路上，全球意识的培养被作为其培养能力的基础，没有这个基础，就谈不到调适与知识的学习，而在全球意识中，跨文化意识的培养属于基础中的基础，学习者从起初的文化定式到最终可以成功达到移情，文化意识的形成经历了不同的阶段，即跨文化意识的培养就是要使学生认识到文化之间存在的差异，并认同各种差异。

在课堂教学中，教师一直以来所承担的角色都是课堂的主导者，掌握着课程的进度，教学的内容以及教学组织形式。专业词汇、句型以及口语交际一直是旅游英语教师关注的重点，但学生的跨文化交际能力仍然没有显著的提升。教师作为课堂学习的主导者，应具备双重身份，一是学习内容的讲授者，二是文化意识的传播者。教师在课堂上不仅是传授语言知识，更应该作为文化的使者，成为两国文化的纽带，让学生不仅学习到如何运用语言，更要让他们感受到本国与他国的文化差异，认清两种文化没有好坏之分，只有意识形态的差别。因此，教师在培养学生跨文化意识的过程中有着巨大的推动作用，这是学生意识培养的第一步。

②增强学生的“心理与文化调试能力”。教师在课堂教学中应该根据学生的状态进而调整教学进程，增强学生的心理与文化调适能力。

文化定式与民族中心主义是影响调适能力的主要因素。文化定式是由经验总结的表面印象，是粗浅的，是一种程式化、固有化的看法，忽视了个体的差异；而民族中心主义的形成是由自身文化视角评价一切，回避甚至拒绝跨文化交际意识以及调适能力的形成。“第三空间”的提出让不同文化之间有相互融合的地带，给跨文化交际者以更好的空间来学习不同文化，这个所谓的“第三空间”实质上是“U”形曲线的调整阶段，在经历了一段时间的迷惑或者沮丧后，跨文化学习者逐渐发现了对应新文化环境的办法，解开疑虑，逐渐熟悉当地的语言、风俗习惯，了解到当地文化的优点以及缺点，并能客观地给予评价。在这个过程中，旅游英语教师所扮演的角色应当是跨文化交际的引导者，引导学生进入第三空间，也就是使学生经历文化休克之后，进入调整阶段。教师应通过一系列具体的方式来进行文化的引导，比如探讨学生自身接触异文化的经历、展示反映某一文化的工艺品展览，对客服务与导游服务中的场景短剧、中西方文化差异等。通过这样的方式让学生感受跨文化交际，把自己置身于异国文化情境中，克服经验主义的文化定式与民族中心主义，转换文化立场，超越自身所在的文化模式，逐渐进入“第三空间”来感受、领悟和理解异国文化，这对跨文化学习者的调适能力的增强具有非常重要的意义。

教学目标对于学习者所要达到的目标有指向作用，是学生学习所要达到的预期效果，以课程标准以及课程教学计划为主要形式，本科的旅游英语教学目标通常以听、说、读、写等语言技能、职业技能为主，一贯倡导学生语言的流利以及为其今后工作所用的职业性。许多国外学校将具备国际视野列为教学目标之一，强调对于国外文化（特别是英美文化）的理解，对于异国文化的正确理解以及较强的语言服务技能作为课程目标。显然，我国本科的旅游英语专业仅仅局限于语言与技能的掌握已经不符合快速发展的国际形势，并且在国际交流日益频繁的今天，教学目标也面临着挑战，与时俱进地加入新元素，以国际视野来要求学生，使他们在除了语言与技能之外，具备更深入的跨文化知识。目标的超前性可以引导学生掌握与时俱进的信息，在明确的目标下，使学生的心理与文化调适能力有意识地增强，帮助其跨文化交际能力的生成。

（二）学术英语模块

1. 留学申请实用文写作

一般而言，留学申请实用文包含个人陈述（Personal Statement）、推荐信（Recommendation Letter）、简历（Resume）、学习计划（Study Plan）或研究计划（Research Proposal）等文件。如果申请 MBA，通常还要有一篇入学论文（Essay），以从各个角度向学校展现申请者的求学动机、学习能力、学术研究能力、工作和研究经历。

2. 学术英语论文写作

随着我国高等教育的发展和教学改革的不断深入，学校更加重视学生的创新思维，强调学生的实际技能和研究方法的培养。论文写作已经成为学校本科生、研究生学习的重要环节。本科生的学年论文、毕业论文，研究生的硕士、博士论文等已成为考核学生学习的重要依据。除英语专业的本科生和研究生需用英语写论文外，在我国，也有越来越多的其他学科，尤其是人文、社会科学类的学生，或是直接用英语撰写毕业论文，或是在毕业后用英语发表学术论文。毕业论文写作已成为使学生初步接触学术论文写作的重要步骤。

学术论文强调解说、评议、辨析及论证与本专业学科相关的现象和问题。因此，学术论文的写作既基于又高于一般文章的写作要求。一般认为，学术写作除了体现作者扎实的基本知识、基本写作技巧和表达能力外，还更应显示作者的学术水平、理论水平、逻辑思维能力、辩论推理才智等。学术论文可以说是学术水平最直接的反应。学术论文写作与一般作文不同，除应有创新的观点、充分的论证、流畅的文笔和严谨的文章结构外，还得符合学术要求的方法与规范，特别是直接用英语撰写论文就更应该符合国际通用的学术规范。

优秀的论文应论点正确，论证充分，有理有据，分析中肯扼要，结构严谨，语言表达流畅，通俗易懂。因此，毕业论文写作是目前学校英语系给毕业生开设的一门重要课程，目的在于提高学生的写作理论水平和了解、掌握学术论文写作的规范与要求，增强他们的研究、分析和总结问题的能力。

第三节　构建英语模块化教学模式学习环境与教学模式的改革

一、构建英语模块化教学模式学习环境

（一）定制个性化学习方案

首先向受试者演示和讲解 Moodle 平台的功能和使用方法，并指导受试者使用 Moodle 平台的问卷调查模块进行单项分析并绘制图形报告，采用师生名录记录的每个学习者问卷调查结果，分析学习者的学能和类型，建立学习者档案，根据学生的个性特征设计基于 Moodle 的学习模块任务和自主学习方案，并通过学习者档案管理追踪学生的任务完成情况。

（二）学习内容和进程管理

教师可以使用课程模块以灵活的方式提供教学材料，上传教学视频进行程序教学，设定课程的时间，设定学习者需要完成的学习量，限制回答问题的尝试次数，根据学习者的表现以决定如何进行评价。如为学习者按照四级考试的要求分题型设计了限时阅读和写作板块，要求快速阅读板块要在 15 分钟内完成 1200 个词的短文阅读，完成 10 道选择题，计算机自动倒计时。这样可以促使学习者找到模拟考试的状态进行高强度、高效的课程学习。讨论区模块可以进行课程交流和讨论。通过强制订阅讨论区，教师可以让学习者在第一时间通过电子邮件收到英语等级考试强化讲座和专项训练等学习内容的线上和线下最新安排的课程学习内容、进程和教学重点等通知。这种类似聊天室的交流模式可以方便学生交流做题感受、学习心得、学习经验等。学生的在线交流和互动使学习的过程变得妙趣横生，提高了他们的学习兴趣，同时也营造了良好的学习氛围。这些电子记录可供日后查阅，有利于教师及时了解学生的学习进程，发现学生的问题，及时调整教学计划。

（三）作业上传与反馈

通过作业模块，教师可以给学生布置论文、项目和报告等任务类型，学生可以将自己的工作成果（任何格式的文件）上传到服务器上，操作颇具灵活性。教师可以指定作业的

截止日期和最高分。学生上传作业的时间会被记录在案。如果学生迟交作业，教师可以清晰地看到迟交了多久。教师可以在一个页面内为整个班级的每份作业进行打分和评价。反馈结果会显示在每个学生的作业页面上，并且有 E-mail 通知。学生可以选择打分后是否可以重新提交作业，以便重新打分，这样学生的积极性就会得到鼓舞、有所提高。

（四）资源共享与共建

Moodle 的 Wiki 模块允许学生共同创建、扩充或修改页面内容。这种快速建立并及时更新的集体创作有利于促进英语学习者进行协作、互动、探究式学习。学生可以自主成为话题的发起者和创建者，可以分享学习经验，可以分享自己收集的学习资料，也可以将自己感兴趣的话题或不懂的问题发布在 Wiki 上与其他学生共同探讨、完善对问题的看法。借此可以锻炼学生的人际交流能力、语言表达能力、信息收集能力和问题解决能力。作为一个学生自主学习的平台，学生还可以上传各类文件，如 Word 文档、PPT、Flash 等。教师可以利用平台丰富的教学资源制作这一功能，为每一节课设置课件和教学资源，从而形成可重复利用和共享的课程资源包，并在教师之间共享。

（五）网络试题库搭建与网上测试管理

Moodle 的测验模块允许英语教师将编制的听力、阅读、完型、翻译和写作题目分门别类地储存于题库中重复使用，还可以随机组合成新的试卷供模拟测验使用。测验可以多次作答，题目自动评分，教师可以选择是否给予反馈信息或是否显示正确答案，还可以为测验指定开放时间。可以随机显示的题目和答案能够减少作弊发生。题库可以在任何支持国际标准的学习管理系统中导入导出，方便教师之间共享，节省人力、物力。

依托语言实验室和自主学习中心，借助网络和多媒体优势资源，搭建以 Moodle 平台为基础的学校英语信息化学习环境，激发学生英语学习的热情和持久度，建构英语学习爱好者的家园，实现学习资源模块的多样化和互动性，形成资源与经验共建共享的良性循环，还可以实现学习者学习的个性化，注重培养学习者的自我探究能力，使其不仅能够有效地掌握学科知识，还能够掌握获取知识的方法和途径，实现了师生之间、生生之间相互学习、探究学习和协作学习为一体的新型学习模式，有利于学生形成“学养”和“学能”，并能够帮助学生培养乐观、互助、好学的人格。建立了学校英语 1~4 级课程试题库和大学英语四、六级在线模拟测试平台。通过基于 Moodle 平台的应用型研究，使得越来越多的教师认识到了 Moodle 平台强大的教学辅助作用，有助于激励广大教师及时更新知识结构，提高基于网络的课程设计和任务型教学法研究的能力。

总之，依托实验室以现代信息技术为支撑，学校英语信息化教学环境的构建实现了教师和学生都是平等的主体，教学活动是师生相互协作，并根据各自已有的经验共同建构知识的过程，使英语教学朝着个性化学习、协作学习、探究式学习、不受时间和地点限制的学习、主动学习的方向发展，同时也促进了教师的共同成长和教学科研水平的提高。

二、英语模块化教学模式的改革与创新

（一）教学内容呈现方式的变革

按照模块教学的要求和特点，呈现的教学内容必须是经过整合的内容。主要体现如下：①教材内容与学生实际的整合。学生实际包括英语素养和生活体验，良好的英语素养和生活体验，才能使学生进入模块化情境并进行有效的探究，从而获得学习的兴趣。同时，内容的难易要符合学生的实际水平，做到“跳一跳，摸得到”，不能难的无所适从，使学生望而生畏；也不能过分容易，使学生做重复劳动。②教材内部内容之间的整合。为了达成一定的学习目标可以将它们进行重组，形成新的模块。在重组的时候，可以根据不同的班级、不同的学习起点，设计有一定梯度的几个模块，供学生自由选择、灵活采用。同时，突出模块化教学综合性的优势，选择相应内容使学生在英语素养和情感素质上都得到发展。③教材与教材之外信息材料的整合。这里有三种情况，一是以教材原有的教学单元为基本内容进行保留和删减的处理，在此基础上增补来自现实生活中的鲜活材料或课外书、网上的材料组成新的模块。二是以某一篇课文为基本内容，增补教材以外的信息材料，使之成为整体性、独立性很强的一个模块。这有利于培养学生收集、处理信息的能力，改变学习方法。三是依据新课程标准自编教材、自创新模块，这是难度较大的一种。在教学内容编排上突出综合化和基础化。

在教学过程中，教学内容的模块编排既要注意系统性、连贯性，更要注重综合性的整体和整体性的优化。教师根据教学目标和学生接受教育的能力，适当地调整教学内容模块，同时鼓励学生根据自身学习条件适当增加一些内容模块，以突出学生的个性发展。一般认为，教学构成的基本要素有三个：教师、学生和教材。这三者之间的关系称为“教学论三角形”。教学内容结构模块化是指教师在吃透选定的教材的基础上，以促进学生建立合理的认知结构为目的，把教材的内容按一定的知识模块重新编排。编排的原则之一是既要切合学生的认知过程，由易到难、由浅入深，又要保证知识的连贯性、系统性，以形成特定的知识体系。原则之二是教师传授一定结构教材的同时，教会学生独立发展知识结构，按自己的兴趣与需求对学习材料进行加工组织。这样，经过自己独立组织的知识结

构，由于思维活动的积极参与，将有利于促进知识迁移。原则之三是编排的教学内容体现整体优化的特点，以实现教学内容的模块之间的交叉、渗透和衔接，避免重复，以较少的学时使学生获取大量的知识信息。

（二）教师教学方式的变革

现代教育提倡学科本位、知识本位的思想，要求教育者关注每个学生的发展与转变，实现应试教育向素质教育的转轨。教师在更新教学理念、努力实践新课标和教学中取得了许多成功的经验，也遇到了不少的困惑，尤其是新课程理念教学方式的转变一直困扰着许多英语教师。新课标“三维目标”，注重知识与能力、过程与方法，情感态度与价值观的英语综合素质的形成。模块化教学结合新课标的要求，其倡导的主要教学方式是：自主、合作、探究。如何让学生在课堂内外自主学习、合作学习、探究学习，这仍然是个全新的课题。

引导自主学习，教师必须坚持以学生为本，突出学生的自主性的理念。学生是学习和发展的主体，教学策略的核心必须是为学生主体的自主探知过程提供可能。自主学习的首要特征是学习的主动性。在课堂教学中，教师应千方百计地引导学生充分发挥主动性、积极性和创造性：自主学习、自我发现、自主探究、自我发展，使学生真正成为课堂的主人、成为学习的主人。自主学习的另一个特征是学习的独立性。教师要从学生的实际出发，引导学生独立思考，让学生懂得该学些什么，怎样容易学，怎样增强动手能力和形成创新能力。教师要帮助学生提高学习的自觉性、主动性，根据学生的个体差异和学习需求，激发学生的学习兴趣、好奇心、求知欲和进取精神，逐步掌握学习方法，养成良好的学习习惯。激发好奇心，增进求知欲。教师应设计一些学生感兴趣的问题，引导学生自主学习，让学生不断思考、不断深入、不断探寻未知领域，真正把握好学习的主动性。坚持以学生为本，重视学法指导。以明确的学习任务作为启动和组织学生自主学习活动的操作把手。自主学习的起始阶段，需要教师的引导；在自学过程中，教师可以适当示范。教师组织有效评价，使学生知道自己的学习结果并及时反思。弘扬学生个性，鼓励自圆其说；关注弱势群体，使学生树立信心，激励原创学习，力争不断创新。英语作为整个知识大厦的根基和生活的根基，理应把学生学习方式的变革作为一个重要方面来抓，这才是英语教学的真正出路。

实施自主学习，把自主权还给学生，自主学习的方式要求教师充分尊重学生的个性特长、兴趣、爱好，让学生自己明确学习目的，端正学习态度，制订学习计划，进行自我管理、自我评价、自我调适。教师应该给一个机会让学生自己去把握，给一个问题让学生自己去探究，给一条道路让学生自己去走，这才能使学生得到充分的发展。

实施自主学习，把时空让给学生。新的教学理念要求教师从知识的传授者转变为学生学习的鼓动者，由教育教学的管理者转变为引路人，由课程计划的忠实执行者转变为英语校本课程的开发者，由教书匠转变为研究者。只有这样，学生才能走出课堂、走出书本、走进社会、走进生活，学会学习。专家认为，人的智商大致相同，迅速成才的一个重要因素就是方法。因此，新课程理念下的教师，从备课开始就要重视备学法，教会学生自主构建知识体系，形成能力。课堂上更要反对教师搞“一言堂”，搞“灌输式”教学，教会学生如何学习，为他们的终身学习打下坚实的基础。教师要把自信留给学生。中国学生受传统观念的影响，唯师、唯书、唯上，不敢有丝毫独立自主的见解。自主学习则要求学生通过原始的知识积累，不断获取成功的喜悦，反复激发学生求知的欲望，让学生从“我行”到“我能行”，再到“我真行”，自信心不断上升，从而敢想、敢说、敢做、敢写。这样，人格才会健全，个性才会鲜明。

实施合作学习，教师与教师的合作学习，教师与学生的合作学习。当今社会，是知识爆炸的时代，是信息社会。过去教师、书本是知识和信息的唯一来源，但现在各种媒体、互联网、图书馆以及人们的谈话，都给学生提供了学习的机会。昔日教师的一桶水与今日学生所需的一碗水已各是一个概念，教师和学生站在了同一条起跑线上。同时，学生主体地位的确立也不再允许教师唯我独尊，教师应走下讲台，走到学生中间去，面对新教材、新问题共同去探究、去把握。他们需要共同学习、合作学习。“教学相长”成了新课程改革中合作学习的基本理念。学生与学生的合作学习，学生是学习的主体，但绝不是孤立的主体，他们除了和教师之间进行互动，还应和同一层面的学生合作学习。教师应加强指导，鼓励学生按兴趣、特长、问题、资源等分成小组，指导学生做好明确的分工、作出合理的评价，相互团结，相互信任。教学中，教师应该针对教材内容的特点，考虑学生能力水平的高低和兴趣爱好的异同，在进行合作学习时鼓励学生自由组合，让每一个学生都有锻炼的机会，都能得到充分的发展。合作学习从内容上看，可以针对课堂学习的重点和难点进行质疑、讨论，也可以是学生对收集的信息进行交流，还可以就课外阅读、社会实践学习谈一谈自己的体会等。总之，教师的教学方法应该是灵活多样的，内容可涉及英语学习的方方面面，其最终目标就是要提高学生的合作交流能力。

实施探究学习，创设情境，走进生活。面对文本，教师可运用引用资料、多媒体展示、讲座、设疑、激趣等多种方式，引领学生进入情境。首先，提出问题。进入文本以后，提问是一个很重要的环节，刚带的新学生，教师可适当提问，时间长了，应鼓励学生自己发现问题。一个好的问题就是一个好的教学片段，甚至是一节好课。其次，分析解决问题。教师让学生通过调查、访问、查阅、讨论、推理、交流等方式共同解决已发现的问题是一个至关重要的环节。创新精神和实践能力的培养是课程改革的重要目标。要实现这一目标，只有在传统教学方式的基础上，引入自主、合作、探究的学习方式，让学生从校内到校外，从课堂到课下，从教材到校本课程，不断打开视野，不断熟悉生活，英语学习的春天才会百花齐放。

模块化教学的实施过程可以说从根本上改变了教师一统课堂的局面，使学生和教师共同参与教学，所以一堂课的成功与否既取决于学生，又取决于教师。模块化教学的实施需要教师和学生双方的共同努力。教师从知识的传授者成为一个咨询者或者指导者。这样，对教师的要求反而提高了。模块化教学对教师提出了全新的要求。教师并不把知识传授作为其唯一的任务，而主要是准备教学情境、构筑学习氛围、组织和引导教学过程。这就要求在任务实施的过程中教师做到以下几点：①精选教学任务。一个教学任务就是一节课或几节课的教学目标、教学内容，通过完成一项或几项具体的任务来完成教学目标，从任务中引出教学目标，使学生产生学习知识的兴趣。一项好的任务要把知识与技能、过程与方法、情感态度与价值观三个维度的目标融入任务中，使任务有利于学生个性、创新思维能力的发展。②课前熟悉任务内容，对其进行深入研究，并准备好任务讨论可能涉及的有关知识。③介绍任务内容要讲究艺术性，吸引学生的注意力，激发学生学习的积极性和讨论的热情。④在对任务内容进行讨论和评估时，教师要尊重学生的成果，切记不要在学生面前评论谁对谁错，任务实施成功与否应看整个过程的进行情况。当然，在学生交流任务实施结果的时候，教师也应该耐心地听取，不能因为哪个学生讲得不好而有任何不尊重学生的行为。否则，学生就会失去信心，任务实施就会失败。

（三）学生学习方式的变革

传统的学习方式注重学生对知识的接受，是一种被动的、接受的、封闭的学习方式。因此，在模块化教学过程中，探索新的学习方式具有重要的意义。所谓新的学习方式是指在对传统学习方式进行反思和批判的基础上形成的学习方式，注重学生对知识的积极建构和合作学习，是一种主动的、发现的合作的学习方式。新的学习方式包括：自主学习、合作学习、探究式学习。“自主学习”是就学习的内在品质而言的，相对的是“被动学习”“机械学习”“他主学习”。这里所说的自主学习是指教学条件下的学生的高品质的学习。所有的能有效地促进学生发展的学习都一定是自主学习。“合作学习”是针对教学条件下学习的组织形式而言的，合作学习相对的是“个体学习”。合作学习是指学生在小组或团队中为了完成共同的任务，有明确的责任分工的互助性学习。在合作式小组学习活动中可以培养学生的领导意识、社会技能和民主价值观。“探究式学习”是就学生获取知识的过程而言的，相对的是“接受学习”。“探究式学习”即从自主、合作的学习探索活动中去发现问题、分析问题、解决问题，获得知识、技能、情感与态度的发展，提高学生探索精神和创新能力的一种学习方式和过程。自主性、探究性和合作性是新的学习方式的三个基本维度。它们不是三种独立的学习方式，而是相互联系、三位一体的，构成了全新的学习方式。

构建自主的学习方式，改变被动学习的现状。自主学习是相对于被动学习而言的，根据国内外学者的研究成果，自主学习概括地说就是“自我导向、自我激励、自我监控”的学习。学生始终应该是学习的主人，是自己思维的主宰者，而不是跟着教师的思维走或者跟着教材的思路走。英语课程应该根据学生身心发展和英语学习的特点，关注学生的个体差异和不同的学习需求，爱护学生的好奇心、求知欲，充分激发他们的主动意识和进取精神。在英语教学中，要真正落实培养学生自主学习的能力，教师就应转变观念，牢固树立“学生是主体，教师是主导”的观念，保证学生有充分的自主学习时间，要给予学生自主思维的空间，放手让学生在课前预习，并培养学生从小养成主动使用工具书或其他信息资料解决问题的习惯，养成边读书边思考的好习惯。课堂上，教师的“导”要讲求实效，不能把学生看成装知识的口袋，把现成的知识、结论都装进口袋里，而要充分考虑到学生主动发展的需要，让学生通过自主的学习来找到答案；教师的“讲”要把握好讲的度，避免在课堂上烦琐地分析讲解以及机械地训练，课堂上，学生要在教师的指导下通过认真读书，自主学习来读懂课文，学习有关的英语知识。自主学习能有效地促进学生的发展，当学生感到教师和同学在关注自己，而且对所学习的内容很感兴趣时，就会积极参与到学习中。当学习任务完成并得到反馈后，学生会有一种成就感，会感到自己是在做一件有意义的事情。学生在教师的指导下不仅通过自主学习读懂课文，而且能大胆地说出自己的看法，对教材的结论提出挑战。学生在学习的过程中有情感的投入、有内在动力的支持，他们从学习中获得了积极的情感体验，促进了学生的自主发展。

构建合作的英语学习方式，英语学科的学习比其他学科更需要学习者之间的合作。首先，“英语是最重要的交际工具”，和其他所有工具一样，只有在使用中才能掌握，学生学习和掌握英语工具必须通过自己的历练，英语能力的形成和提高依赖于实践过程，但是它在“每一个场合只能由一个人说话”的班级授课制条件下是很难实现的。而合作学习这种新的学习方式能够大大增加小组成员的实践机会，大幅度地提高学生掌握英语工具的可能性和有效性，可以弥补原有方式的不足。重视合作学习能力的培养，改变信息传递的单一性。课堂教学是由师生共同组成的一个信息传递的动态过程。合作，即课堂上学生的多向交流——师生合作与生生合作，而非教师与某个学生的单向交流，它是自主学习的更高层次。现代教学论指出，教学过程是师生交往、积极互动、共同发展的过程，没有交往、没有互动就不存在真正的教学。交往是教学活动中最基本的形式，是动态表现出来的相互作用、相互交流、相互沟通、相互理解，离开了交往的师生关系就不能成为教育的真正动力。过去，英语教学以单一的个体学习为主，过分强调独立思考能力的培养，师生、生生之间缺乏合作与交流。如果学生长期处于个体的学习状态之中，就很可能变得冷漠、狭隘、自私和孤僻，表现为合作学习精神欠缺，交往能力差，语言表达能力不强。新的课程标准倡导“合作”这一学习方式，具有极强的针对性。合作学习既有助于培养学生的合作精神、团队意识和集体观念，又有助于培养学生的竞争意识与竞争能力，交往、互动是教学的核心，交往强调师生间、生生间互动的信息交流，相互沟通、相互影响、相互补充，从而达成共识、共享、共进，这是教学相长的真谛，也是新的教学观。合作学习的学习方式能让学生在独立探索的基础上相互交流见解，展示个性思维的方法与过程，从而对不同智力水平、认知结构、思维方式的学生实现“互补”，加强学生之间的横向交流和师生之间的纵向交流，丰富和完善学生的见解。同时，在合作式的民主互动的和谐氛围中，学生的思维始终处于一种积极、活跃、主动的状态，交流形式由单项信息交流向综合信息交流转变，使课堂教学成为学生主体活动的展开与整合的过程。

构建探究的英语学习方式，阅读是收集处理信息、认识世界、发展思维、获得审美体验的重要途径。阅读从其自然固有的本来面目来说，是一个主动探究的过程，即学生通过阅读作品，探索、研究、理解、发现作者对这个世界某个方面的观察、感受与思考。学生之所以能够去主动探究，是因为他们对这个世界已经有了一些初步的朴素的认识。重视探究实践能力的培养，改变机械接受学习的现状，而探究是高层次的自主学习，是学生对某个问题的探索，是一种发现学习，能够培养学生的创新精神和实践能力。教育学家经过反复比较研究指出，“探究学习是相对于接受学习的，接受学习是老师直接把学习内容呈现给学生，而探究学习中学习内容是以问题的形式来呈现的。和接受学习相比，探究学习具有更强的问题性、实践性、参与性和开放性。经历探究过程以获得理智和情感的体验、构建知识、掌握解决问题的方法，这是探究学习要达到的三个目标”。教师要改变学生的学习方式，还要改变强调接受学习、死记硬背、机械训练的现状。教师还要倡导学生主动参与、乐于探究、勤于动手、培养学生收集信息和处理信息的能力、获取新知的能力、分析和解决问题的能力。此外，教师还要注意培养学生的综合探究能力，其实质就是培养学生的观察发现能力、质疑创新能力、综合性实践能力。为使学生的学习方式发生根本的变革，保证学生自主性、探索性的学习落到实处，这次课程改革首先通过课程结构的调整使学生的活动时间和空间在课程中获得了合法的地位。与此同时，通过改变学习内容的呈现方式，确立学生的主体地位，促使学生积极主动地学习，使学习过程成为学生不断提出问题、解决问题的探索过程，并能针对不同的学习内容选择不同的学习方式。比如，交流、探索、实验、模仿、体验等，可使学生的学习变得丰富而有个性。改变学生的学习方式不仅要重视学生自主学习能力、合作学习能力、探究能力的培养，还要关注学生的学习过程和学习方法、关注学生是用什么方法获得知识的，是死记硬背背会的，还是大量做题做会的，还是通过自主探究、发现，在解决问题中学会的。

第七章 英语教学的未来发展

第一节 ESP 教学

一、ESP 教学的产生及特点

（一）ESP 教学的产生

ESP（English for Specific Purposes，专门用途英语）是应运而生的，第二次世界大战之后，很多国家因为新技术革命发展飞快，从而想要强烈挣脱战争带来的困境，重新加强科技、经济与国际之间的交流。于是，这就使许多人要求自己一定要学习英语，原因是在科技与商贸的领域之中，英语早已经被认定为国际语言了。

另外，ESP 之所以产生的两个重要原因，即为语言学领域的革命与教育心理学的发展对使用英语语言的规则进行描述是传统语言学始终在做的，而人们在对社会语言学进行研究的过程却会转向将英语语言具体应用在实际的交际之中。并且人们在不同的场景之下，写文章或是说话，都会带有不同的表达形式以及目的，所以在英语教学中也应该考虑到这一点，由此也能使教学效果达到最佳。对于学习效果来说，学习的态度与动机都对其产生了重要影响，所以教学重心也应当使“教师中心”向着“学生中心”而转变，最终形成“学习中心”，以上这些也都是形成与发展 ESP 的理论基础。

（二）ESP 教学的特点

人们经常会简单地将 ESP 与科技英语、旅游英语或是教授英语的特殊语体等划分到一起，但这种认识往往是不够全面的。实际上，ESP 是在各种学习者需求的语言教学、学习方法的基础上来进行探讨的。学习者接受普通语言的课程学习是在基础英语阶段进行强调的，该语言课有着文化和文学倾向的特点，那么，ESP 教学的主题与课程的目的就是英语语言本身。在 ESP 教学中，主要是指成年学生在对以后所要从事行业的专业知识进行学习，获取到相关的知识和技能等的同时，充分发挥英语在整个学习过程中的工具性质，把它当成学习者学习的目的或者手段和工具，以便学生能具备更有利的条件去进行进一步的专业学习。而 ESP 的特点在界定与分类之后可以得出，其是为了语言目的，所以在教学之中应该特别对学习者的使用目的加以重视。此外，在学习了英语之后，学生也能在专业知识中获取到有效的帮助，使其在今后的工作中也能展现出优秀的才能。ESP 教学是在学习者的需求分析上建立起来的，主要是对培养语用能力的重视。而学生也主要是为了能在自身专业范围之中熟练使用英语才对其进行掌握的，从而使英语水平达到交际的需要，也就是说学生学习知识和对语言使用方面是不能分别进行的，否则知识就无法变为能力，也就无法进行使用了。

二、国内 ESP 教学现状剖析

（一）ESP 教材使用混乱

20 世纪 70 年代至今，国内的 ESP 教学依旧在发展之中，统一的 ESP 规划教材还没被完全规划好。并且，各校在选取 ESP 教材时一般都是各自为政，有的是自己编写或者联合编写，还有的是引进的原版。而一半以上的学生，他们所使用的教材是在专业的文献中，由任课教师选出来并编写的材料。由于这类教材并不相互联系，同时课文之间也没有相应的连贯性以及清晰的教学目标，学生使用起来也像对待阅读专业文献一样随意，将近一半的教师都反映过相关教学最大的问题就是没有适合的教材可供学生使用。另外，部分学校存在选用专业英语教材混乱以及粗制滥造的现象。很多学生都表示，这些教材里没有相应的练习和词汇表，有时甚至还会出现印刷错误，没有趣味性可言。

（二）ESP 师资力量薄弱

在 ESP 教学中，一般情况下，专业用途英语教师应当具备的能力有：①对教材与相关资料进行评估；②对专门用途英语、情境进行分析；③对学生成绩的评估；④对工作计划的设计与解释；⑤对学习能力目标加以明确；⑥将个人的辅导内容加以规划；⑦对教学、学习的策略进行规划；⑧对教材进行编写；⑨组织学生展开教学；⑩对教学目的做充分评估。

而除了以上的这些基本能力之外，一个合格的 ESP 教师还要时刻充当五种角色：①他要是一个合格的英语教师；②还要是一个合格的设计课程的人，能够将切实可行的教学资料都提供给学生；③一定要是一个合格的教学研究人员；④是专业教师与学生共同的合作伙伴；⑤对测试、评估 ESP 非常熟悉，可以按照学生在教学过程中的实际学习情况来进行正确、合适的总结。

我国的 ESP 师资与国外的 ESP 教师标准相比较，还是存在很大差距的。国内的这些教师来源基本分为两种：其一，毕业于英语专业，而且从事普通英语教学的教师，他们的英语语言要求功底应该是非常扎实的，且口语与听力的能力也很好，但是关于该课程会涉及的各种专业知识还是了解甚少；其二，在某一专业中英语水平比较高的专业教师，他们拥有较高的英语使用能力，但是其在掌握英语基础知识方面还是比较弱的，没有办法将专业英语和基础英语进行有机结合，所以也就无法对有效的课堂教学进行组织。另外，因为全国的英语院系基本都存在一定的问题，如缺少中年的骨干教师、大批的老教师已经退出一线、青年的教师队伍还不够稳定等，由此在建设 ESP 教学的学术梯队方面依旧存在极大的困难。

三、ESP 教学的应对策略

（一）对 ESP 课程定位加以明确

对英语语言的普遍现象与一般规律的讲解即为 ESP 的教学重点，主要也是为了对他们在英语的听、说、读、写方面的基本技能进行训练。而且 ESP 拥有其特殊的句法、词汇和结构模式，其教学的内容是训练英语的语言技能，这是专业知识学习与语言技能训练的有机结合。加强基础、提高能力、拓展专业与学以致用是 ESP 课程开设的宗旨所在，因此也可以说，ESP 是基本课程的提升阶段，同时也属于其延伸。

（二）加快 ESP 教材的开发编写

各校应当从实际出发，按照自己本校专业设置的需要，利用学校所在区域的风土人情，组建具有扎实功底的教师队伍，专门编写能够促进人才培养的，并且具有区域特色的 ESP 教材，这个做法是有用处的。即使历经了很多年的探索，在 ESP 教材的引进、改编或是自编上已经累积了一些经验教训以及资料与素材，但是国内整体 ESP 教学水平的提升不能仅仅依靠这些。教育主管部门应尽快将相关的专家学者与教学经验非常丰富的一线 ESP 教师组织起来，共同编写出一套适合于中国国情的 ESP 教材。由于我国地大物博，且每个地区有着不太均衡的经济和文化水平，导致每个学校之间在很多方面都有着比较大的区别，如学生的知识水平、教师队伍建设的质量、现代多媒体的技术设备等。那么学校更应当与社会需求、自身的特色与专长相结合，适当改变现有的教材，从而更好地对学生 ESP 学习的个性化需求进行满足。

（三）强化 ESP 师资培训

其实现今还是有很多问题存在于学校 ESP 教学之中的，其中师资问题就是最迫切、最严重同时也是最棘手的问题。在 ESP 教学中，不管是从组织课堂教学、编写教材，或者是实施与评估教学方法、教学效果等，与教师间的联系都是密不可分的。因此，对于 ESP 教学来说，教师是其成功或失败的最重要因素。一般师资培训的方法可具体分为三种：①各校可以按照自身的情况，将一批英语基础良好、年轻且拥有一定专业知识的教师送到国内或是国外的相关基地，进行有关 ESP 教学师资的学习培训；②邀请国内外研究 ESP 的专家学者来校进行专题讲座；③多多参与校际的 ESP 交流会与公开课，从而将开阔眼界与学习锻炼的机会提供给年轻的 ESP 教师，且由经验丰富的教师予以培养，促进其快速成长。

教学理念产生根本性变化，要归功于发展计算机技术，尤其是在网络信息技术与多媒体技术飞速发展的时代，教学理念得到很大的提升和增强。如果由国家高等教育的主管部门出面，就可以将全国各校的 ESP 资源都整合起来，建立起专门的 ESP 网络资源平台，在该平台中，全国 ESP 教师都能够实现资源共享，还能促进相互间的学习与交流，这样一来，一定可以节约各个学校在 ESP 教学研究方面所投入的人力、物力等，从而还能将学校与学校之间的教学距离缩小，有利于进一步提高国内的 ESP 教学水平。

四、推行 ESP 教学的必要性

ESP 教学作为一种语言教学，其主要教学要求通过对语篇的目的进行分析，使学习者掌握 ESP 的语言特征和语用功能，从而达到运用 ESP 的教学目的。学校英语教学中逐步、有序地推行 ESP 有很重要的现实意义。传统的学校英语授课，学生着重掌握的是英语的普遍性。而 ESP 则侧重英语的特殊性，即在某种情境下如何用地道的英语进行表述。ESP 的实施有个前提，那就是学生的英语基础普遍较好。学生在打下坚实的基础，也就是掌握了语言的普遍性后采用 ESP 方法，使他们学会在实际语言环境中如何运用英语进行有效的交际。

上述提到 ESP 的一个特点就是 ESP 教学是建立在学习者的需要分析之上的。在今后工作生活中，能读懂专业文献，能用英文进行英文摘要的书写，在特定场合中用英语进行交际。由此可见，大多数学生提出的需求很明确，而 ESP 的产生也就源于这方面的需要。学生所需要的就是教师所要考虑和分析的，并在将来的教学中能有所改进的，大多数学生毕业后就会从事某种职业，所以他们的需求是最直接的，也是最实际的。

不仅学生对现在的英语教学状况不甚满意，用人单位对学生的英语实践能力也存在质疑。学生在学校学了两年英语，毕业后实际运用语言的能力普遍并不强，能在用英语进行较流畅的交流、翻译、写作等方面达到标准的学生只占少数。一般在学校里，只有前两年学生才有英语课，但是很多学生的自觉性并不高，只有极少数的学生在学校要求的两年后还能继续学习英语。如今的英语教学现状和学生的实际需求其实是不相符的，很多用人单位对学生在英语的实践能力方面也不是十分满意，这也变相地推进了 ESP 教学。

第二节　个性化教学

一、个性化教学含义与理论基础

（一）含义

作为一种教育理念，个性化教学得到教育者的认可，它不是单纯指某一种学习方式或方法。对于处于教育一线的教师来说，他们面对的学生群体是性格各异的个体集合体，采用因材施教就属于个性化教学的范畴，有利于学生的发展。如果教师要考虑到学生的个体差异，就要通过各种各样的教学手段与教学方式，采用恰当的教材对学生的学习需求进行满足，同时教师还要对其在学习中很多方面所受的影响，如学习动机、认知类型、性格等做深入了解，要充分发挥学生在学习中的主体作用，让学生按照自身需求、特点等，在选择学习资源方面也要尽可能地选择合适于自己的，且他们所学习的内容也要更加符合自身的进度与方式。当然，个性化教学不等于让学生放任自流，学生的学习是在教师的监督下合理有序地完成的。教师为学生适时地提供科学的指导。所以说，为了从多角度与多形式中促进学生的和谐发展，应当采取个性化教学的手段。

（二）理论基础

1. 建构主义理论

建构主义属于个性化教学的理论根据之一，也就是说，人类认识外界的方式就是在已知、未知之间找寻平衡的过程，而只有同化与顺应才能达到这一平衡。并且，人类认识的提升始终就是在平衡到不平衡最后再到平衡的循环过程中实现的。在认知结构的发展条件与性质上看，研究心理发展从人类社会环境中所受到的影响，还有在建构认知结构过程中，个体的主动性所起到的重要作用等，都使得最终会形成较为完整的建构主义理论，并使其可以在教育教学中具体地加以应用。从建构主义方面来说，学习者是在学习中得出其建构过程的，学习者与新知识学习在该过程中得到了原有的知识经验的双向作用，因此，这并不是简单地由外到内导入单向信息。

建构主义理论会对学习者以鼓励，使其主动地联系起自身经历与所学知识，并在学习过程中对其进行引导，从而真正发挥出主观能动性。个性化英语教学中，建构主义是作为其理论基础存在的，也是教师为了让学生英语知识有所提升的主要手段。学习者在建构主义学习理论中，被认为新知识的学习是应当基于原有的知识加以积累的，因此原本就拥有的知识在学习英语的过程中变得十分重要，但学生的英语知识水平是完全不同的，并且其兴趣爱好、学习能力等也都有一定差距。这样来看，个性化教学对英语教学的作用就更重要了，这会帮助本来知识水平就有差别的学生能按照自身的能力、需求等进行自主学习。因为在我国的教学改革之中，建构主义理论始终发挥着不可替代的作用，因此，目前英语教学改革的重点还是基于建构主义理论的英语个性化学习。

2. 多元智能理论

该理论的提出者是美国的心理学家加德纳教授，其认为传统意义上所探讨的语言、数学能力等并不能算作智能，人类的智能类型可分为很多种，如逻辑、语言、人际交往、运动音乐等。人与人之间的不同也表示了他们的智能程度都各不相同，且能够发挥出的能力是存在差别的。人发展智能的好坏，重点就是他们受到过的训练与教育。多元智能理论从教学方法上说，是应当按照每位学生的智能优势、弱势等，来对与学生个体相适应的方法进行选择的，也就是要考虑个体差异，因材施教。教师要对学生间的差别有所关注，并始终用善意的做法来对待这些差别。同时按照学生的不同，采用多样化教学，从而进一步开发学生的潜能，使每位学生都能拥有自己的优势。

此外，多元智能认为在教育目标方面，应该按照学生情况的不同，来对其适合的发展道路进行明确。简单说就是该理论并不是让学生全部走同样的道路，而是最好每个人都能分配一条道路，实现真正的各得其所。

二、个性化英语教学模式的建构

（一）建立个性化教学指导组织

如果教育者能够通过制度来对英语的个性化教学实施予以规范化，那么，就能建立个性化的英语学习组织并且能进行有效的指导，进而就能确保在整个英语教学过程中能持续地开展个性化教学。在高等学校里，英语个性化教学指导组织具备几个基本职能，这些职能表现出能够对个性化的英语学习加以指导，使其变为可持续发展的功能，主要包括学生个性化学习问题的开展、个性化学习的计划方针以及应对策略等。

（二）建立个性化教学校内教师协作团体

将校内教师的协作团体建立起来，可以从多层面与多角度对学生进行指导与评价。因为教师的教学分工各不相同，所以不管是资深教师还是新进教师，在他们的教育教学素养方面，都必然存在着一定的差异性，只是程度深浅而已。同时，英语个性化教学也有着或多或少的差异，这就在某种程度上对教师组建个性化学习指导的协作团体提出了需求，而教师间最需要的就是互相配合与查缺补漏，这就从多方面体现了建立这种协作团体的必要性和重要性，此外，需要教师合作完成的还有个性化教学中需要用到的学习资源，教师间的协作可以说是英语个性化教学指导作用得以发挥的重要保证。

（三）建立个性化教学校外教师协作团体

使学校和社会能进行沟通交流，同时对社会中的各种专门英语人才加以有效利用，从而实现学校英语个性化的教学服务，在英语学习的个性化过程中，学习活动中的个体常常会表现出其复杂性与多面性，而指导者也需要具备很高的专门技能与知识。但对于某些学习领域来说，难免还是要依靠社会上的专门人才，因为校内的英语教师通常很难达到这样的知识和专门技能，这也是一定要建立学校与社会互动的校外协作机制的原因之一。

三、个性化英语教学的新方法

（一）语法翻译

这种翻译方法是从16世纪的拉丁语教学法开始的，在引进交际型教学法之前，其在我国的英语教学中始终占据主导地位。其特点主要有三点：培养侧重的阅读能力对母语充分地依靠与利用；对语法教学的重视；将母语和英语反复互译。

（二）听说法

听说法也可以叫作句型教学法，这种方法在教学中使用时，应当注意要尽量地避免母语；使听说处于领先位置；将句型作为教学的中心；反复地进行联系，直到习惯；尽可能消除或是避免学生发生的错误。

（三）情境教学法

情境教学法的含义就是教师按照课程的内容，让学生按照情景中的实际，引导学生对图片、动作、表演、实物等加以利用而进行交际的学习，以便能够灵活应对与独立判断那些复杂多变的因素，其核心在于激发学生的情感。而实际方法则是教师有目的地去将以形象为主体的情景引入进来或是创设出来，接着在教学的过程中去引发学生的体验，更好地帮助和引导学生充分地理解教材，最后还会在未来的教学中继续使用已得到的教学方法，使其在学生心理机能中继续发展。英语对情境法的课堂来说属于教学语言，而教师要做的则是对语言项目以解释、使用英语进行组织教学以及布置课后作业。有时候会遇到很难用英语解释的项目，如语言结构和词汇，为了帮助学生理解和学习，教师也可以适当地使用母语对其进行稍加解释。这种情况下要注意避免学生偷懒，尽量不让他们使用母语。

（四）互动型教学法

互动型教学法也可称为交互教学法，即教师与学生在教学过程中进行积极的双向交流，为的就是实现教学目的与完成教学计划。而这种方法的存在就是为了能提供给学生练习的机会，使其学习的兴趣得到有效提升，而最重要的就是消除他们的某种被动心理，在教学中积极地参与进来，使学习的能动性、主动性得到进一步增强，提升学习效率。

同时，这种交互式的教学方法强调了在语言教学之中，不仅要将教学理论与语言习得作为指导，还要按照学生个体的差异、教师的自身特征，将教师作为主导以及将学生作为中心，满足学生对指导的渴求，并将课堂营造为最愉快、轻松的氛围。另外，教师还要将学生学习的兴趣与求知欲望都激发出来，且其个性空间还应继续拓展，这样也便于提升学生的语言能力。在互动教学之中，教师要时刻对课堂话语加以注意，因为这除了是教师对教学计划加以执行的工具，也是学生在语言输入中十分重要的来源。并且，为了能够进一步提升学习效率、突出重点以及让学生积极性与主动性都有所提升，在课堂上教师必须能进行得体的提问。交互式教学开展的常用形式之一还有学生间的小组互动，其可以使得在课堂中的学习者有更多的机会去练习使用目的语。

（五）交际型教学法

交际型教学法产生于20世纪70年代初期，它属于西欧对语言交际能力进行培养的一种教学体系。该方法主张在安排英语的教学内容时，特别重视英语给学习者带来的特定需要，并把社会交际功能定位为语言的主要功能，语言的交际活动与功能意念则是它的主要内容。

可以看出，对学生英语交际的能力进行培养的主要手段是使用交际教学法。美国的社会语言学家海姆斯最先提出“交际能力”一词，他认为一个对语言进行学习的人，应该具备查看句子是否合乎语法规则的识别能力以及能够将合乎语法规则的句子制造出来的能力，同时这个人还应明白怎么才算对语言进行了合理使用，也就是能够因时间、场合以及交际对象的不同而使用多种语言交际法的教学方式，其重点就是对教师与学生、学生与学生之间的互动加以强调，始终将中心看作学生。但是要注意，教师的作用也同样不容忽视，因为教师是对全班教学活动进行安排的组织者。

四、实践过程中的问题与对策

（一）问题

在对英语个性化教学模式的创建中，其探索出来的信息是可喜的，也是有益的，但是依旧会存在以下几种问题。

1.“不够”理解

部分学生还是不太理解分层教学的意义，这部分学生通常是英语水平不高的学生，他们会认为分层教学对他们十分不友好，有“被歧视”的错觉，因此会产生消极的英语学习态度，他们自然而然地就将自己对于英语学习的要求放低了，有的甚至是放弃了英语学习。这样的话，在个性化的教学评估方面，则更是需要教师花费更多的精力在学生个性发展的方面，千方百计使学生理解并接受分层教学，达到英语学习的目的。

2.“不够”适应

一部分学生对待自身的学业要求、个性发展等还不够确定，因此在选择选修课时就会突然迷失方向，而且，“哪一科分数容易及格就选哪一科”这样一种理念就成了有些学生设定的选课标准。此外，学生都可以通过网络学习，利用计算机自主完成部分学习任务以及选择学习材料，所以仍有一部分学生会因为没有找到自学方法与自控能力而适应不了这样的环境。

3.“不够”全面

从创建个性化的教学模式来说，其一部分还是只存在于形式中的，如课堂组织的个性化，即使是区分了教学目标的要求以及教学对象的层次，但是在选择教学内容方面，并没有实际区分类别；又比如，在开设选修课程方面，只对水平高的学生加以全方位的重视，而忽略了英语水平低下的学生的感受，没有做到因材施教和“以生为本”。

4.“不够”彻底

在教学评价方面，即使过程性评估的考核力度有了一定加强，但是其权利的掌握还是由教师进行支配的，从而对学习者关于自身评价的“话语权”有所忽视。

（二）对策

1. 加强理论的学习与加深方法的研究相结合

大多数从事英语教学的教师都需要从发展自我的角度出发，对理论学习与方法研究两方面予以加强。另外，还应将教师角色进行转变，通过建构主义的理论，将学生作为教学的中心，教师的角色与作用则是该过程中的指导者、组织者、促进者与帮助者，并善于使用会话、情景与协作等情景，将学生的积极性、主动性与创造精神进行充分发挥，直到实现学生对当前所学知识意义建构的目的。

2. 在建设教学环境方面予以强化

学生在学校教育中，应当获得非常好的学习课程与教学条件。营造良好的学习氛围固然离不开任课教师，但是同时也与学生的管理者息息相关。对于开设选修课程与实施分层次教学等个性化模式方面，这些过程的创建都经过了全方位的指导与宣传，也只有这样，才能让每位学生都能对分层次教学加深理解，从而适应个性化学习的发展。与此同时，更多的英语教师也要从学生发展、学校生存的角度寻找与实现教学改革的参与和支持。

3. 对个性化的教学方案加以完善

在个体差异与学生群体差异的客观存在实际中对不同层次的学生进行满足；开设选择课程上，不仅要将对学生拓展空间有利的课程考虑进去，还要将能够帮助学生夯实基础的课程考虑进去，从而让各起点不同的学生都有所获益；而在个性化教学评价方面，因为教学评价中给到了学生“话语权”，因此使其学习与反思学习的主体意识得到了加强。

4. 突出了学生自主学习能力的培养

教师在从事英语教学的过程中，不应该只充当“授业解惑”的师者，还应传授给学生学习知识的方法，并对有效的学习方法加以指导，一般形式为个别谈话或面授辅导等，而这样做的目的就是对学生进行帮助，使其通过自身努力来获得技能与知识，以培养其自主学习的能力，具备终身学习的观念，同时满足学习型社会的需要和社会经济发展的需求。

第三节 互联网教学

一、英语网络教学的理论依据

(一) 基础理论

1. 心理学

心理学是一门研究人们认识世界，获取技能、知识与智能发展的心理规律、机制的一般性原理。其对于语言研究应用基本体现在两个方面，也就是语言认知能力与输入信息处理，后来这两方面又逐步变为教学心理学、心理语言学两项学科，其中学习对英语知识的学习、对语言技能进行掌握的发展规律与心理过程等是其主要研究的范围。其中，心理语言学可以分为两个主要研究方向，即行为主义与认知心理学行为主义学派的学者认为，因为有了刺激与反应的结合，所以才有语言，其间的反应规律可以通过观察以及测量得到，或者是在外界的不断训练与强化之下塑造形成。

2. 教育教学理论

教育学中其中一个分支就是网络教学，所以网络教学也一样可以使用教育学的教学理论。在教育中普遍存在的教育现象、教育问题等都是教育学所要研究的对象，在一般意义上说也是作为教学原理存在的。教育学的基础理论是网络教学的指导，是为了对教学方法、目标、模式以及评估等进行研究的学科理论。

3. 方法论

人们认识世界、改造世界的一般方法即为方法论，也就是代表了人们在对问题进行观察、处理的过程中所总结出的一般规律。进行英语教学的过程也就是教育者传递给被教育者教育信息的过程，但是这种方式所能达到的效果常常会受到制约。并且，在实施教学过程方面，网络媒体对英语教学的辅助是能够起到控制作用的，这样就方便了其调整教学策略、修正教学进度、优化教学过程等，从而尽量使教学效果达到理想化程度。

4. 绩效考核理论

绩效语义上讲就是成绩和效益，绩效的范畴包括工作时要求完成目标的数量、质量、最终结果等。而对于绩效考核在工作中产生的重大影响，引起了各界人士的关注，在教育界，科研人员和教育者把绩效考核的概念用在教育教学里，也对教学产生了不小影响。他们在研究中发现，在教育教学中应用绩效理论，可以对教学工作的效率起到提升作用，特别是基于信息技术的网络教学。

而运用与实施科学理论、方法等则属于绩效技术的范畴。为了预期目标的实现，可以加以利用的教育途径、手段等有很多。所以，在对教学模式进行制定时，需要考虑的除了学生将要花费的精力、时间以及成果外，还更应对教学的投入、产出的经济价值比问题进行充分考虑。

（二）语言学习理论

1. 行为主义学习理论

该理论也可被称为“刺激—反应理论”。在行为主义者的认知范围内，刺激与反应间相联系才得到了学习，因此他们所得出的假设就是学生在环境刺激中的反应即是行为。他们认为环境就是刺激，而反应则是有机体的行为，而这些所有的行为都应当是习得的。

学生所使用的网络资料就是网络教学中主要的刺激源，学生在接收到这类刺激之后就会产生反应，随之实现记忆效果。而重复性的语言训练即为网络教学的主要特点。程序教学、视听教学的推进都有赖于行为主义学习理论，但是该理论依然存在不足，那就是它对人类学习的内在心理机制予以全面否认，并忽略了人类的主观能动性，将动物实验结果完全推到了人类学习方面，因此最终才会逐渐变成机械主义与环境决定论，被一些学习流派所批评。

2. 人本主义学习理论

人的内部感受、直接经验等都来自人的心理，这是人本主义心理学所主张的，其内容是对人的本性、理想、尊严等的强调，并且认为人为了实现目标，或是自我实现才进行的创造可以看作决定人行为的重要因素。而在这之中所倡导的学习理论并不会等同于认知心理学或行为主义，它们不会将验证研究的原则变为推论，而大部分情况是将观点与建议按照经验原则的分析之后加以提出的。

学习的潜能与愿望是人类天生就具备的，这属于一种心理倾向，值得被我们信赖，并且能够选择适合的时间点对其释放。学生学习的积极性最能被激发的时间点，就是其对自身需求和学习内容进行了解时。学习分为认知学习与经验学习两种，同时，学习方式也被分为了有意义学习与无意义学习两种。其中，有意义的学习指的是学生进行学习是为了自身知识与技能的增强，并且这也是融合于个人经验之中的学习，能够在自身的态度、行为和未来方向的选择上产生重大变化的学习；而无意义学习则指的是学生学习的内容只会与心智发展有关，而没有任何个人的意义，同时也不会被个人的情感因素所影响。

对人本主义教学观来说，有意义的学习是其最为主张的，也就是要求学生应当学会自主学习。教授给学生知识并不是教师在教学当中的唯一任务，更多地还是要将学习资料与营造的良好学习氛围传递给学生，使学生能够自在地安排学习。并且，教师对学生学习起推动作用的关键是对学生的理解、尊重、关注，激发学生积极性，建立自由的学习氛围。

人本主义的教学观可以在英语网络教学的理念中体现出来。首先，英语教学最重视的应当是培养语言应用能力，而不单单是灌输语言知识。在网络教学软件中，为学生提供了十分良好的语言交流条件，使得他们能够不受空间、环境等限制，而且可以自主安排时间，为习得语言，进行语言的交流和练习；其次，学生的自主学习是网络教学的主体，教师则起着监督与辅助的作用，从情感方面来说，学生获得教师的帮助能够更快速地完成学习任务。

二、网络环境下进行学校英语的优势

（一）提高了学生自主学习与合作学习能力

以教师为中心的教学模式属于传统的英语教学，也就是指在教学时，学生的参与度很少，而几乎都是教师在进行讲解，传统中学生接受教师传授的信息都是十分被动的。这样的情况基本表现为，教师在课堂上大部分时间并不是对学生的语言能力进行锻炼，反而是在对自身的语言技能进行锻炼，而这种模式最终的结果只能是减弱学生学习的积极性与主动性。而在这一问题的处理上，网络教学中所使用的网络平台就很好地将其解决了。在网络教学中，学生可以根据自己的学习情况，在自己认为合适的环境和时间上，在电脑上进行学习，学习的内容也能根据自己的需求进行选择。同时学习进度也能自己合理地安排好，对于语言的联系则可以通过人机交流的方式解决，如此一来，学生获取知识的途径就不止教材和教师了。

（二）提供了丰富的交互空间

在过去，很多应用语言学家都认为，语言输入对交互活动以及语言的习得都不能做充分的保证，其中也包含了语言习得的关键，即语言输出与意义协商。传统教学中的教学方法、内容与步骤等几乎都是由教师提前安排的，因此学生对待问题的看法也很难向教师表达。而网络教学则不同，不管是师生之间，还是生生之间或学生与媒体之间，它们都是可以随时互动的。教师的教学活动基本都包含了在网上进行辅导、答疑与批改作业等，而学生则会在网络上提出自己的疑问，并寻求教师或是其他学生的解答，同时这样也便于学生在教师与网络中得到需要的信息，实现自身知识体系的建构目的。

（三）搭建了丰富的开放性平台

如今的教学活动与传统的课堂形式不同，不会将自己固定在一个时间段或一个教师身上，而是可以自由地选择网络能够连接到的所有地点与范围。学生在选择学习的同时最大限度地掌握选择权，并且还能自主决定学习的方法、过程以及时间等。同时，学生在网络环境中还能从大量的资源中找到自身需要的材料，并按照实际情况安排与设计学习过程，这样一来学生学习的主体就是他们自己，也是整个教学过程的中心，不管怎样学习，都大大扩展了自由程度。这样的结果除了能够对学生的主动性学习有所启发，还能将其创造能力与思维加以激发，是素质教育新理念的体现。

（四）明确了科学的评价标准

如今很多学校在全国范围内来对教学质量、水平进行衡量的唯一标准，仍然还是单一的标准化英语水平考试，但这样的做法与语言教学规律是极为不符的。而在新教学理念的指导中，教师可以将各种各样的科学测试方法开发与设计出来，并且能够去跟踪记录学生对知识掌握程度的真实情况，最后再科学合理地对教学效果做出评价。教师还可以通过学生反馈的信息与提交的答案对教学效果进行分析，这样也更加有利于调整和改善教学的内容、进度与计划等。英语教学在多媒体与网络技术中获得了快速、准确反馈信息的途径，并将交流的平台也准确提供给了师生，同时也为教与学提供了科学的评价标准。

三、网络环境下构建英语教学模式的意义

（一）英语网络教学能激发学生的学习兴趣

英语的网络教学会将各式各样的教学手段，如图像、文本、视频、电影等，都提供出来，使课堂的内容更加方便学生的理解与接收，同时还有助于突出语言教学的重点以及多方位的立体输入，从而激发他们对于英语学习的兴趣与动力。从一定程度上说，英语的网络教学是可以对学生的学习方式和习惯等进行改变的，使他们从之前的“不能不学习”向“主动去学习”转变。学生在网络学习中需要时刻管理与控制自身的学习过程，也就是在对适合自己的学习形式、内容的选择上，要按照自身真实的水平与学习方式，之后再按照

计算机反馈出来的信息，对进度进行自主决定，从而对自己真正想要的信息与知识加强探索。

（二）英语网络教学为互动式学习提供便利条件

网络具备交互功能，在网络中，学生除了要选择接受，更重要的还有学会表达。在之前的大多数课堂中，学生一般只局限在与教师的交流中，而网络教学则打破了种种限制，从而进一步使英语网络教学实现了教学资源的共享。

教师可以通过网络更加详细、生动地将与课文有关的知识背景都介绍给学生，以此拓展他们的知识面。另外，还可以在适当情况下使用其他的教学手段，如对音频、视频与文字等加以利用，通过这些来对多角度的语言知识加以介绍，更加贴合教学内容，与时俱进。网络技术为学生提供了一个非常轻松的场所，因为在这里没有教师跟自己同处在一个空间，所以也就不用担心会因为答不出问题而被批评，心里紧张的情绪消失了，学习的效率也就自然而然提高了。

四、课堂教学结合网络教学的教学模式

（一）课堂教学与网络教学相结合的模式

网络教学中，课堂教学的优势始终无法被完全取代，而多媒体网络技术又给英语课堂教学带来了新的契机。按照我国实际的经济发展水平、教育真实状况与学生情况等，想要获得良好的教学质量，就需要在网络环境下，主要通过课堂教学来实现。课堂教学与网络自主学习相结合使课堂教学和学生课下自主学习有效整合在了一起，而且在这样的学习模式下，有助于学生了解自己，发现己的兴趣和特点，并以此为目标对学习的内容加以拓展。但是这样自主学习的前提是学生本身已经掌握了一定程度的知识与技巧。英语教学的主要场所就是课堂，教师在课堂教学中提供给学生知识与技巧，帮助其确定自身的学习任务、学习内容以及对他们制定长期或短期的目标，教师所要做的还有为学生提供展示其学习成果的平台，从而更好地让他们自身对学校效果进行监察，这也是提升他们自主学习能力的重要一环。

由上看出，可以作为我国英语长期教学目标的应该就是自主学习。应当按照当今学生的自身实际，将现代信息技术与传统课堂教学相结合，更好地实现优势互补，分阶段和分层次地提升自主学习程度，最终真正实现自主学习。

（二）具体的教学设计

1. 教学目的

结合课堂的传统教学和网络环境中的自主学习，形成一种新的教学模式，对英语的改革、创新等起到推进作用；对学生特点进行总结，针对每位学生的兴趣，建立起和谐的师生关系，使其在良好的氛围下接受知识；教授方法灵活多样，保证学生能够体验到成功的快乐，对学习也始终保持着积极向上的情绪。

2. 教学对象及方法

对非英语专业大一学生，采取课堂和课外活动的记录、学习档案记录、访谈和座谈、问卷调查等形式，并进行全程跟踪教学。

3. 具体课程安排

①在新学期的第一节课中，就向学生介绍整个学期的课程安排，同时对学习任务也要加以明确。②学时安排：每周两个课时的听、说、读、写与课外自主学习。③期末总评：期末试卷成绩与平时成绩的比例为 7∶3。④平时成绩：依据形成性评价的方式，在规定日期进行评价活动，每门成绩 100 分，取平均分作为学生的平时成绩。

第四节　新媒体教学

一、新媒体技术给英语教学带来的益处

（一）有利于创设良好的英语交际环境

新媒体辅助英语教学为我们提供了克服传统教学弊端的全新的教学方式，使抽象的、枯燥的学习内容转化成形象的、有趣的、可视的、可听的动感内容，成为英语教学的发展趋势。这样，不但增强了学生学习英语的兴趣，而且在学习一些内容比较抽象的课文时，还可以为学生提供直观形象的场景，便于学生理解、记忆，纠正发音错误。英语课堂教学的目的，主要是让学生在课堂上多进行交际。交际可以是书面的，亦可以是口头的。优质高效的课堂交际活动可激发学生的学习动机，让学生有机会练习整体表达能力，有利于学生自然习得语言。而要做到这一点，就要求教师营造良好的交际环境。离开情景谈交际活

动是不现实的。课堂交际活动将课堂变成了一个“小社会”，这样的语言训练更富有灵活性和挑战性。利用新媒体技术的强大功能，学生们不仅可以和新媒体电脑设置的虚拟人物对话，还能修正自身的错误。

（二）有利于拓展学生的思维空间

在利用新媒体技术创设良好的英语交际环境时，通过语言、图像和声音同时作用于学生的多种感官，让他们左右脑并用，产生一种“身临其境”的感觉。在教师的引导下，学生得以进行大容量的仿真交际。在学生不断交际的过程中，其使用英语的思维能力得到锻炼，因而能更有效地提高其运用英语的能力。新媒体技术可以创设生动逼真的教学场景，从而大大地调动学生的学习积极性，激发学生的求知潜能和欲望。学习英语，必须了解一些关于英语国家的生活环境以及文化背景。新媒体技术则可以为学生创造这样一个环境，让学生了解英语国家人民的生活方式、文化背景以及语言表达习惯等，融身心于英语活动之中，增强学生的学习兴趣并调动学生的观察力和想象力。

（三）有利于大幅度提高课堂教学效率

现代新媒体技术在英语教学中丰富了教学内容，更新了教学手段，改变了教学环境。利用计算机本身对文字、图形、动画、声音等信息的处理能力，弥补了传统英语教学模式在直观感、立体感、动态感等方面的不足，也使学习者能更主动、积极、准确地理解语言和它所表达的思想意义。采用新媒体技术可以促进课堂教学模式、训练和测试模式的更新，让个性化教学成为现实。运用新媒体辅助英语教学，可以大大提高英语课堂教学质量，使课堂教学内容更加充实，引导学生主动学习；新媒体辅助英语教学新颖活泼的形式更能激发学生学习英语的兴趣和热情，从而形成一个良性循环的学习过程。新媒体辅助英语教学有利于储存大量信息，能更多创设情境，发挥学生主体作用，营造一种轻松、愉快、和谐的课堂气氛，提高教学的质量和效果。

（四）有助于构筑新型的师生关系

在教学过程中，教师与学生处于平等、友好的地位，教师是课堂活动的设计者和管理者、学生实践活动的鼓励者和合作者、学生问题的分析者和解答者，成为学生学习的引路人。运用新媒体技术的教学活动中，新媒体呈现的教学材料让学生产生一种“身临其境”的感觉。教师可以充分利用新媒体技术提供的知识、情境、会话等学习内容，有效调动学生的学习积极性、主动性和创新精神，构筑他们自己的知识库。学生可以在教师的指导下，根据自身的实际选择适合自己水平的学习内容以及学习方式来强化自身英语语言知识与技能的学习。

（五）有利于教师自身素质的提高

运用新媒体教学，既为英语教师进一步提高教学质量提供了物质保证，同时又对教师自身的素质及知识的储备提出了挑战。新媒体技术的应用促使英语教师改变传统的“以教师为中心”的教学模式。新媒体技术的应用还促使英语教师积极学习、研究新媒体技术对英语教学的各种影响，积极探索、研究新媒体技术，并根据自身和学习对象的实际情况，不断学习、应用新技术，利用新媒体技术开发、研制出更多适应学生学习需要、能提高学生英语语言能力和应用能力的课件。教师应主动适应现代社会的发展，紧跟时代步伐，不断更新教育观念和教学方法，促进学生自主化和个性化的发展。如果教师不会运用新媒体进行英语教学，势必影响英语教学的效果。教师在自己的业务进修中，新媒体技术应是一门必修课。

二、新媒体技术促进英语教学的变革

（一）进行个性化教学：因材施教

个性化教学以学生的个性差异为依据，运用个性化的教学方法、策略和技术，促使每个学生都能找到适合自己的个性才能发挥的领域，促进学生个性的发展，突出学生的个性价值，提升学生的整体素质。在新媒体广泛使用的今天，很多学生都运用不同的新媒体进行学习、生活，可以通过独一无二的自我观点将自己感兴趣的内容用图片、文字、视频、网络语言等各种表现手法聚合到一起，充分表达自我，分享自己的感受；教师可以通过新媒体认识到生活中的学生特点，了解每个人的个性、兴趣、爱好和特长，突破课堂的有限交流，与学生以平等的姿态对话沟通，得以加深对学生知识掌握程度和学习习惯的直观认识，从而有助于依据学生个性特色因材施教。

（二）拓展教学新时空：移动学习

移动教学系统是利用手机、掌上电脑、平板电脑等新媒体，有机结合移动通信、网络技术与教育，将教师、学生和英语学习资源联合起来的一种新型教学系统。移动学习是利用无线移动通信网络技术以及无线移动通信设备获取教育信息、教育资源和教育服务的一种新型学习形式，强调学习的主动性、开放性，学习形式的多样性，具有明显的个性化、个体化特征。

（三）提升学习主动性：参与式学习

在新媒体传播环境中，以数字技术为基础的新媒体传播模式发生改变，传播者和受众的边界逐渐消解，建立起一种平等的互动关系，受众既可以是信息的接受者，也可以是信息的创造者和传播者，受众的主动性、积极性空前高涨。新媒体环境下传播模式呈现多样化的特点，既可以点对面，也可以点对点、多点对多点进行传播。

参与式学习可以调动学生学习的主动性、积极性，培养学生的创新精神和实践能力。它是新媒体环境下一种新的教学方法，坚持以参与者为中心，充分利用参与者知识经验获得新知识，师生之间是平等的，既强调学生独立思考，又引导其参与交流。同时，新媒体的隐蔽性、公开性特点，使每一个学生都有平等交流的机会，学生的话语权在数字媒体的支持下延展，教师可设置主题和关键词进行分组讨论，学生们利用微博平台或手机媒体对同一个问题各抒己见，发表看法，各种观点平等地呈现在平台上，交流碰撞，激发更多的思想火花，形成教师主导、学生主体共同建构知识内容的参与式教学。

（四）培养团队合作精神：跨时空协作学习

在新媒体的传播环境中，传统大众媒体与受众之间单向的传播模式转化为双向传播模式，教师和学生、学生与学生、教师与教师之间通过新媒体传播技术，建立起跨时空的协作学习小组，针对同一个学习主题相互讨论、交流与合作，达到对学习或知识内容更深刻的理解和把握。通过新媒体，协作学习的范围实现了时空突破，而协作的方式更加灵活多样，促进了学生合作精神的培养。

（五）加强学习导航：检索式学习

新媒体时代，各种各样的信息铺天盖地袭来，面对这些具有海量、超链接特点的网络信息，学生往往应接不暇，只能快速地阅读、浏览，无法对个别问题进行深度思考。检索式学习是通过现代的信息、查询方式来获取文献、信息和知识，从而提高自己的学习能力和知识储备的学习模式。面对浩瀚的信息海洋，检索式学习方法可以有效利用信息高速公路的便利和海量的资源。首先，应确定目标，不断分析，避免陷入大量无用信息中白白浪费精力；其次，学生应掌握文献检索的各种技巧和方法，在知识检索的过程中不断发现新问题，正确地使用新媒体，使之真正为我所用，而不是受其控制。

（六）应对教育国际化：跨文化教学

如果要有效地应对教育国际化的趋势，取得预期效果，教师就应具有较好的文化教学能力，对于与本民族文化有差异或冲突的现象、风俗、习惯等具有充分正确的认识，并在此基础上以包容的态度予以尊重与理解。在这样的背景下，教师应积极培养跨文化交流的意识，学习跨文化交流的技巧，了解新媒体的特点与信息传播方式，借助新媒体进行跨文化信息传播。来自各个国家的教师与学生在新媒体平台上以平等的姿态相互学习各自不同的文化，交流彼此的看法，促进不同文化和观点之间的交流与融合，扩大跨文化教学效果的层面。当前，以新媒体为代表的新媒体技术改变了人们接触信息的方式，改变了人们的思维方式和行为习惯，对教师的传统教学模式也产生了很大的影响。在新的教育传播环境中，教师、学生、媒体、教学模式都有了新发展，促进信息时代的教学设计的有效运用，改革人才的培养模式，充分发挥各种媒体特别是新媒体的优势，确定教学目标，设计教学策略，制定学习评价指标，改变以教师为中心、课堂为中心和书本为中心的局面，利用各种媒介形态和技术手段加强自主学习、微型学习、协作学习等主动学习方式，重视参与性学习、个性化学习、协作学习等理念和方法的应用，加强交流，及时评价，有效调动学生的积极性，引发学生积极思考。学校应建立健全保障制度，与时俱进地创新教育理念，助力师生在新的教育传播环境中获得更加优质丰富的教学资源，加大信息技术支持教学应用研究的力度，倡导教师和学生不断探索多元化的英语教学和学习方式，利用信息技术辅助知识建构，推动创新型人才培养模式改革。

三、新媒体技术环境下英语教学的发展走向

第一，树立以人为本的新型教育理念。在时代以及素质教育飞速发展的背景下，新课改要求树立以人为本的教育理念，尤其是在新媒体技术环境下，更新教育观念是大势所趋。我们要充分认识到，教育技术是中国教育改革和发展的制高点，新媒体技术逐渐渗透到各个学科，促进了教学手段的不断完善和更新。为了顺应新环境下英语教学的发展要求，我们就要对教育教学理念和手段进行创新，借助推广英语教学技术的基本理论、信息化的教学手段、现代化的教学设备以及新媒体教育信息采集技术等途径，不断地完善教学过程和教学环节，为事半功倍教学成效的获得做好强而有力的铺垫。

第二，新媒体技术是一把双刃剑，因此，在运用新媒体技术更新教育理念和教学手段之时，要充分结合教学实际以及学生的个性特征，发扬传统教学模式的优势，结合新媒体技术的作用，让教学的成效能够发挥到极致。与此同时，新媒体技术的运用，需要高素质的师资队伍作为保障，这不仅需要教师具有热爱教育事业、热爱学生、爱岗敬业，为教育事业奉献终身的精神，还要不断地开拓进取，在顺应英语教学要求的前提下，不断地总结实践经验和汲取精华，拓展和夯实自己的理论基础和实际教学技能，包括更新教学手段、完善教学内容、提高自我素质等，为以人为本的教育理念的更新做好铺垫。

第三，创新对学生的培养模式。不管是从时代发展的层面还是新课改的改革层面来看，传统意义上的单调、枯燥的教学培养模式显然不能满足新形势的要求，只有不断地改革和创新教育教学模式，才能顺应时代发展的潮流。在新媒体环境下，我们要注重从以下几个方面去创新对学生的培养模式：首先，学生是信息加工的主体，是意识的主动建构者，因此，要合理运用新媒体技术，尽可能地在很大程度上将学生的主体地位凸显出来，不断地培养学生学习的主动性、积极性和热情；其次，新媒体技术能够创设出生动有趣、逼真多彩的教学情境，可以充分运用这一点，调动学生的感官以及学生参与到课堂教学中的兴趣，在引起学生共鸣的基础上，使其实现从感性认识到理性认识的升华，不断地开阔视野和扩大知识面；最后，众所周知，生活即教学，应当在新媒体技术的推动下，尝试着将课堂“搬出”教室，诸如通过组织学生参加拓展训练活动、社会调查、市场调研等形式，积极地开辟校外市场，让学生接触到更多的知识，更能把握现代社会的发展节奏，为步入社会打下坚实而有力的基础。另外，创新学生的培养模式，意味着教育工作者要随时能够把握时代和素质教育发展的脉搏，要求教育工作者不断地审时度势，加强与各行业的沟通和交流，为教育理念的更新以及教学资源的补充提供更大的活力，在潜移默化中促进自身的成长，做学生的良师益友，改善新媒体技术在教学运用中的单一性。从一定意义上说，新媒体的出现为教育教学提供了不可替代的重要活力，促进了英语教学迈向更高的台阶，但不可忽视的问题是，虽然新媒体技术能够将教学内容更加生动、形象地展示给学生，在一定程度上吸引了学生的注意和关注，但凡事都有两面性，新媒体技术并不是万能的，它只是将其他媒体的优势加以综合，但并不一定能够将其他媒体所具有的优势全部发挥出来。这就要求我们在英语教学中，结合教学实际以及学生的学习情况，合理地搭配、设计应用新媒体，尽可能更全面、全方位地将所要教授的内容充分展示在学生面前，让学生在第一时间就能够汲取到所要吸收的知识营养，使得教学成效能够在很大的程度上得以发挥。教师还要不断地学习新媒体技术的运用和整合技能，在遵循实际的前提下与其他媒体相结合，改变新媒体技术的单一性，在取其精华、去其糟粕的基础上为教学质量的提高提供助力。

随着时代的发展，社会的进步对人才的需求日益显著，培养高素质的人才成为英语教学的重要目标。要想实现教育现代化，新媒体技术的优势不可或缺，我们在改革和完善英语教学的进程中，要合理地权衡新媒体技术的利弊，在英语教学中充分发挥新媒体技术的魅力，新媒体技术在英语教学的应用中也会不断地更新、完善，为社会的发展服务。

参考文献

[1] 田芳，刘浩波. 新编英语阅读教程［M］. 成都：四川大学出版社，2022.

[2] 陶晓蓉，陆晨. 学术英语阅读教程［M］. 苏州：苏州大学出版社，2022.

[3] 陈用仪. 英语阅读释疑解惑［M］. 北京：中央编译出版社，2022.

[4] 倪锦诚. 英语阅读记忆系统交互性［M］. 长春：吉林大学出版社，2022.

[5] 肖玲，郑苏英，石丹丹. 英语教学研究与实践［M］. 延吉：延边大学出版社，2022.

[6] 施莹莹，王红娟，李保丽. 英语教育教学理论与实践［M］. 长春：吉林人民出版社，2022.

[7] 吴朝霞，马之成. 大学英语教学理论与实践研究［M］. 长春：吉林摄影出版社，2022.

[8] 郭贤良. 读英文名著提读写水平郭贤良英语教学思考与践行［M］. 长春：吉林文史出版社，2022.

[9] 李小芳，涂艳丽，易立新. 大学英语拓展阅读教程多姿多彩的中国文化［M］. 武汉：武汉大学出版社，2022.

[10] 魏剑峰. 大学英语考试能力系列英语外刊阅读教程［M］. 上海：上海外语教育出版社，2022.

[11] 张强华. 大数据英语实用教程［M］. 西安：西安电子科学技术大学出版社，2022.

[12] 李立新. 英语学术论文写作与文献选读［M］. 济南：山东大学出版社，2022.

[13] 曾屹君. 自主学习策略导向下的英语教学法研究［M］. 北京：中国书籍出版社，2022.

[14] 胡英歌. 大学英语阅读教学课程建设与创新［M］. 北京：中国纺织出版社，2021.

[15] 姚娟，徐丽华，娄良珍. 高校英语阅读与翻译教学多维研究［M］. 天津：天津科学技术出版社，2021.

[16] 吴文静. 大学英语阅读与翻转课堂教学研究［M］. 长春：吉林出版集团股份有限公司，2021.

[17] 路文军. 英语阅读与写作认知心理研究［M］. 北京：北京首都经济贸易大学出版社，2021.
[18] 程莲，华鸿燕. 英语应用能力与阅读写作教学［M］. 汕头：汕头大学出版社，2021.
[19] 高琳，吴勤，王琪睿. 英语教育教学管理与阅读兴趣培养［M］. 长春：吉林人民出版社，2021.
[20] 蔡玲. 大学英语教学实践探索［M］. 长春：吉林文史出版社，2021.
[21] 熊国阳，郭家宏，池春辉. 英语写作理论与实践教学［M］. 长春：吉林人民出版社，2021.
[22] 罗春霞，柳晓辉. 英语报刊阅读教程［M］. 2 版. 北京：北京对外经济贸易大学出版社，2021.
[23] 徐刚. 高校英美文学教学理念与模式研究［M］. 天津：天津人民出版社，2021.
[24] 罗瑞. 现代英语教学理论与发展的多维研究［M］. 北京：科学技术文献出版社，2021.
[25] 曾葳. 商务英语教学与模式创新研究［M］. 西安：西北工业大学出版社，2021.
[26] 彭兵雄，肖陶，亢连连. 英语读写结合教学理论与翻译研究［M］. 汕头：汕头大学出版社，2021.
[27] 张颖. 多元视角下大学英语教学探索［M］. 北京：现代出版社，2021.
[28] 孙鹤. 大学英语教育教学理论与实践研究［M］. 北京：中国纺织出版社，2021.
[29] 李琨，吴碧宇. 大学英语案例教学实践探索［M］. 郑州：黄河水利出版社，2021.
[30] 周大明，卢健. 英语名师教学主张和实践［M］. 厦门：厦门大学出版社，2021.
[31] 张景. 英语教学方法新探索［M］. 长春：吉林出版集团股份有限公司，2021.
[32] 邱教生. 大学英语阅读与教学研究［M］. 延吉：延边大学出版社，2020.
[33] 王进. 大学英语阅读与教学研究［M］. 北京：北京工业大学出版社，2020.
[34] 张卓. 新媒体英语阅读［M］. 苏州：苏州大学出版社，2020.
[35] 邵慧. 英语阅读教学“中心框架”模式研究［M］. 沈阳：东北大学出版社，2020.